Anselm Grün
Ansgar Stüfe

# Von den
# Grenzen der
# Machbarkeit

# Anselm Grün
# Ansgar Stüfe

# Von den Grenzen der Machbarkeit

Vier-Türme-Verlag

# Inhalt

# Vorwort

Die Corona-Krise hat uns deutlich vor Augen geführt, dass wir weder die Welt noch uns selbst und unsere Gesundheit beherrschen oder kontrollieren können. Der Optimismus, mit dem die Aufklärung den Prometheus-Mythos interpretiert hat, ist uns heute fremd. Wir sehen eher die negativen Auswirkungen dieses Mythos, der den Menschen als »Macher«, als »Homo faber« versteht, wie Max Frisch das in seinem gleichnamigen Roman beschreibt. Unser Beherrschen- und Kontrollierenwollen hat unserer Umwelt geschadet. Und es hat uns auch nicht gesünder gemacht. Wir haben zwar durch die Forschung viele Krankheiten wie die Pocken und die Lepra besiegt, aber es sind auch neue Krankheiten entstanden.

In unserem gemeinsamen Buch stellen wir, P. Anselm Grün als Theologe und Br. Ansgar Stüfe als Mediziner, die Gefahren des Beherrschenwollens dar. Wir müssen uns vom Mythos der Beherrschbarkeit und Kontrollierbarkeit unserer Welt und unseres Lebens verabschieden. Das bedeutet aber nicht, dass wir den Prometheus-Mythos völlig außer Acht lassen. Wie in jedem Mythos, so steckt auch in diesem durchaus eine positive Botschaft. Br. Ansgar beschreibt als Mediziner, wie gerade die medizinische Forschung heute neue Möglichkeiten schafft, Krankheiten zu bekämpfen und auch zu besiegen. Aber er sieht auch die Grenzen der Forschung und die Gefahren, die heute entstehen, wenn wir ohne ethische Maßstäbe Forschung betreiben. Dann begegnen wir den negativen Auswirkungen des Prometheus-Mythos.

Gerade heute, da es um die Impfthematik kontroverse Auseinandersetzungen gibt, die Freundschaften und Familien zerbrechen und die Gesellschaft spalten, tun die nüchternen und klaren Aussagen von Br. Ansgar gut. Sie schaffen Klarheit über die Chancen, nicht nur des Impfens, sondern auch der Forschung auf diesem Gebiet. Zugleich zeigen sie auch die Gefahren auf, die von einer Forschung ausgehen, die sich nur vom »Homo faber« leiten lässt, aber die ethische Seite nicht berücksichtigt.

So wünschen wir den Leserinnen und Lesern, dass die Gedanken dieses Buches ihnen helfen, mit der Situation, in die wir durch die Pandemie und durch den Klimawandel geraten sind, angemessen umzugehen und vor allem einen klaren Blick dafür zu bekommen, was wir Menschen heute brauchen, um weiterhin in dieser so gefährdeten Welt gut und in Frieden miteinander leben zu können.

*P. Anselm Grün*
*Br. Ansgar Stüfe*

ANSELM GRÜN

# Was ist der Mensch?

Die Corona-Krise hat uns deutlich vor Augen geführt, dass alle Pläne, die Natur zu beherrschen, die Gesundheit zu kontrollieren, die Psyche in den Griff zu bekommen und alles mit unserem Geist zu beherrschen, nicht aufgehen. Wir haben das Gefühl, dass die Welt aus den Fugen geraten ist – und das ist nicht nur ein momentaner Zustand. Die Corona-Krise stellt unsere sicheren Prognosen infrage. Wir haben es immer wieder erlebt: Wir können nicht mehr planen. Alle Termine in unseren Kalendern stehen dort unter dem Vorbehalt, dass die staatlichen Vorschriften oder der gesunde Menschenverstand sie zulassen. In jeder Hinsicht wird deutlich, dass wir auch in Zukunft diese Welt nicht beherrschen können und wir trotz aller medizinischen Fortschritte Gesundheit nicht garantieren können. Selbst wenn diese Pandemie überwunden sein wird, bleibt die Gefahr einer neuen Seuche, die sich durch Reise- und Güterverkehr schnell weltweit ausbreiten kann. Wir haben in der Pandemie hautnah erlebt, dass wir den Tod nicht abschaffen können, und wurden neu auf unsere Sterblichkeit hingewiesen. Alles, was wir gerne in den Griff bekommen möchten, gleitet uns aus den Händen. Wir werden uns auch in Zukunft auf ähnliche Situationen einstellen und damit aussöhnen müssen, dass unser Trieb, zu herrschen, gebremst, ja sogar infrage gestellt wird.

Die äußeren Grenzen unseres Strebens, diese Welt zu beherrschen, verweisen uns aber auch auf tieferliegende Probleme: auf das Bild des »machbaren Menschen« und des »entgrenzten Menschen«. So zwingt uns die augenblickliche Krise, die Frage nach einem Menschenbild zu stellen, das unserem Wesen entspricht. Diese Frage ist uralt. Sie wird seit jeher von der Philosophie und der Religion gestellt. Und sie äußert sich in den Mythen, die die verschiedenen Kulturen und Religionen entwickelt haben. Ein uralter Mythos, der das Dilemma der menschlichen Existenz angesichts der gegenwärtigen und zukünftigen Pandemien beschreibt, ist der Mythos des Prometheus. Daher möchte ich, bevor ich auf die aktuelle Situation eingehe, zunächst den Mythos des Prometheus dazu befragen, was er uns an wesentlichen Einsichten über unseren Umgang mit uns selbst und mit der Welt vermittelt.

Anselm Grün

# Der Mythos des Prometheus

Mythen sind der Versuch, das Geheimnis des menschlichen Lebens zu beschreiben. Einer der bekanntesten Mythen ist der des Prometheus. Schon die griechische Tradition kennt dabei verschiedene Überlieferungen und Deutungen der Erzählung und im Lauf der Geschichte ist dieser Mythos immer wieder aufgegriffen und je nach Zeitgeist oft sehr kontrovers gedeutet worden. So möchte ich kurz die allgemein übliche Fassung erzählen.

Prometheus bedeutet »der Vorauswissende, der Vorausdenkende«, und er gehört zum Göttergeschlecht der Titanen. Sie beherrschten mit dem Urgott Kronos die Welt. Doch im Götterkampf besiegt Zeus den Kronos und verbannt die Titanen auf eine ferne Insel. Prometheus stand dabei auf der Seite des Zeus und verhalf ihm durch Informationen zum Sieg. In manchen Mythen wird erzählt, Prometheus habe die Menschen erschaffen. Er formte sie aus Ton und Athene hauchte ihnen Leben ein. Zeus interessiert sich im Gegensatz zu Prometheus jedoch nicht für die Menschen. Er enthält ihnen alles vor, was sie zum Leben brauchen: Nahrung und vor allem das Feuer. Also raubt Prometheus das Feuer aus dem Olymp, zu dem er sich heimlich Zutritt verschafft. Er versteckt es in einem Riesenfenchel und bringt die Glut den Menschen. Zeus ist außer sich vor Wut.

Prometheus täuschte Zeus auch bei anderer Gelegenheit. Zum Beispiel als in Mekone ein Opferfest stattfindet. Ein Teil der Opfer soll an die Menschen gehen, der andere Teil an Zeus. Doch es war nicht klar, wie die Opfer aufgeteilt werden sollten. Prometheus zerlegt daher einen Opferstier und versteckt die Knochen in der Haut, das gute Fleisch dagegen im unansehnlichen Magen. Zeus soll nun selbst sein Opferteil wählen und nimmt prompt den größeren Teil mit den Knochen. In seinem Zorn gibt nun Zeus dem Gott des Feuers und der Schmiede, Hephaistos, den Auftrag, Prometheus an einen Felsen im Kaukasus zu fesseln. Alle drei Tage kommt ein Adler und reißt ihm die Leber aus dem Leib. Die Leber wächst immer wieder nach. Prometheus sollte 30.000 Jahre dort gefesselt sein. Doch dann befreit ihn Herakles – durchaus mit Wissen des Göttervaters Zeus – von den Qualen. Herakles tötet den Adler mit einem Pfeil und löst die Fesseln des Prometheus, der daraufhin einen Ring, geschmiedet aus seinen Fesseln, als Erinnerung an seine Leiden trägt.

Eine Ergänzung dieses Mythos kreist um den Bruder des Prometheus, Epimetheus. Sein Name meint so viel wie der »Nachherbedenkende« – der Mensch, der erst handelt und danach denkt. Zeus schickt ihm eine wunderschöne Frau, Pandora. Prometheus warnt seinen Bruder, sie zu heiraten. Doch Epimetheus hört nicht auf seinen Bruder. Pandora hat eine Büchse bei sich. Sie öffnet sie und aus ihr entweichen

Anselm Grün

alle Krankheiten und Übel, an denen die Menschen noch heute leiden.

Man könnte diesen Mythos mit der biblischen Sündenfallerzählung vergleichen. Die Kirchenväter deuten diese nicht in erster Linie mit Schwerpunkt auf der Sünde, sondern als den Beginn all der Beschwerden, Krankheiten, Unglücksfälle und Schmerzen, die den Menschen heimsuchen. Gott schickt seinen Sohn nicht in die Welt, um die Schuld zu sühnen, sondern als Arzt, der die Krankheiten der Menschen, die körperlichen und vor allem die seelischen, zu heilen vermag.

Der Mythos um Prometheus hat in den letzten 2800 Jahren unendlich viele Deutungen erfahren. Die christlichen Theologen der Antike beispielsweise sahen in Prometheus den Hochmütigen, der das Gebot Gottes übertritt und meint, er könne den Menschen nach seinem eigenen Gutdünken erschaffen. Griechische und römische Autoren sehen in Prometheus den Menschenfreund, der für sie sorgt und seinen Dienst an ihnen mit unsäglichen Schmerzen bezahlt. Der griechische Dramatiker Aischylos legt in seiner Tragödie »Der gefesselte Prometheus« sein Augenmerk vor allem auf den Protest des Prometheus gegenüber einem zornigen und willkürlichen Göttervater Zeus. Seine Tragödie ist also letztlich Religionskritik. Ähnlich sieht es Goethe in seiner frühen Ode »Prometheus«. Manche Germanisten meinen, damit rebelliere der junge und aufmüpfige Dichter nicht nur gegen die christliche Religion, sondern in erster Linie gegen seinen Vater und die damalige Gesellschaft.

Der italienische Philosoph der Renaissancezeit Marsilio Ficino deutet die Qualen des Prometheus als Symbol für die Situation des Menschen: Er ist an die Materie gefesselt, bemüht sich umsonst um die Lösung der Welträtsel und leidet unter seiner geistigen Unzulänglichkeit. Giordano Bruno dagegen deutet den Feuerraub des Prometheus so, dass er den Menschen das Licht der Vernunft bringt. Bruno verteidigt den Prometheus und meint, der Mensch müsse Gottes Gebot übertreten und Gott den Anspruch auf exklusives Wissen streitig machen. Die Epoche des Sturm und Drang sieht in Prometheus ein Vorbild für den Menschen, der aufsteht und gegen die bestehende enge Ordnung rebelliert. Ähnlich interpretiert Friedrich Nietzsche die Gestalt des Prometheus. Er sieht ihn als Künstler, der sich durch einen Frevel die Kultur des Menschen erkämpft und dafür Leiden auf sich nehmen muss.

Auch im 20. Jahrhundert beschäftigt man sich mit der Erzählung. Ich möchte nur kurz auf die philosophische und auf die psychologische Deutung eingehen. Herbert Marcuse sieht in Prometheus einen Archetyp des Helden des Leistungsprinzips. Er symbolisiert die Produktivität, die rastlose Anstrengung, um das Leben zu meistern. Der Fortschritt wird jedoch mit Mühsal und Unterdrückung erkauft. Marcuse meint, gegenüber diesem einseitigen Bild des Menschen brauche es den Mythos des Orpheus, der für Freude, Genuss und Erfüllung steht. Die Fortschrittsoptimisten waren begeistert von Prometheus. Doch Skeptiker wie der deutsch-amerikanische Philosoph Hans Jonas sehen in dem entfesselten Prometheus ein Bild für den rastlosen Menschen, der die Wirtschaft und die Wissenschaft immer weiter vorantreibt. Seiner Ansicht nach muss dieser durch die Ethik gezügelt werden. Sonst wird er zum Unheil für den Menschen und für den Kosmos. Der Philosoph und Schriftsteller Günter Anders spricht von der »prometheischen Scham«. Der Mensch sei zum »Hofzwerg seines eigenen Maschinenparks« geworden und »schäme sich seiner Unzulänglichkeit angesichts der Perfektion seiner Apparaturen«.

Papst Franziskus spricht in seiner Umweltenzyklika vom prometheischen Traum der Herrschaft über die Welt, »der den Eindruck erweckte, dass die Sorge für die Natur eine Sache der Schwachen sei«. Dagegen setzt der Papst das Modell, den Menschen »als verantwortlichen Verwalter zu verstehen« (Laudato si, Nr. 116). Wenn er sich als Herrscher über die Welt versteht und die Natur ausbeuten möchte, ruft er mit seiner prometheischen Sicht der Welt die Auflehnung der Natur hervor (Laudato si, Nr. 117).

Die psychologische Deutung sieht in Prometheus den typischen »Macher«, der meint, er könne alles erreichen, was er wolle. Aber er hält sich nicht an die Grenzen, die ihm gesetzt sind. Daher wird er an den Felsen gefesselt, das heißt, er wird letztlich ohnmächtig, kann nun gar nichts mehr gestalten. Der Adler, der seine Leber täglich auffrisst, steht für die Emotionen, die ihn quälen bzw. die er leugnet. So wird er täglich extrem damit konfrontiert. Die Leber steht aber auch für Größenfantasien: Wer zu groß von sich denkt, der erlebt immer wieder schmerzlich seine eigene Begrenztheit.

Ich möchte die modernen Deutungen mit der Deutung des Prometheus im Roman »Homo faber« von Max Frisch abschließen. Walter, ein Ingenieur, ist ein typischer Macher, der beruflich erfolgreich, aber unfähig zu einer tragfähigen Beziehung mit einer Frau ist. Er will nicht heiraten, sich nicht binden. Das würde ihn in seinem Lebensstil stören, der nur auf Leistung ausgelegt ist. Seine erste Beziehung zu Hanna scheitert. Doch sie wird von ihm schwanger und Walter möchte, dass sie das Kind abtreibt.

Zwanzig Jahre später trifft er zufällig Sabeth, die Tochter von Hanna – sein eigenes Kind, ohne dass er davon weiß. Sie fahren zusammen von Paris aus durch ganz Europa nach Griechenland, wo Hanna wohnt. Bevor sie sie treffen können, verunglückt Sabeth: Nach einem Schlangenbiss stürzt sie eine Böschung hinunter. Daraufhin behandeln die Ärzte zwar den Schlangenbiss, übersehen aber, dass Sabeth eine Schädelverletzung hat, an der sie schließlich stirbt.

Kurz darauf treffen sich Hanna und Walter und sprechen viel über ihr Leben. Hanna analysiert das Verhalten von Walter. Sie meint, die Technik sei für ihn der »Kniff, die Welt so einzurichten, dass wir sie nicht erleben müssen. Manie des Technikers, die Schöpfung nutzbar zu machen, weil er sie als Partner nicht aushält, nichts mit ihr anfangen kann; Technik als Kniff, die Welt als Widerstand aus der Welt zu schaffen, beispielsweise durch Tempo zu verdünnen, damit wir sie nicht erleben müssen« (Frisch, 211). Sie meint, der Irrtum, dem Walter aufgesessen sei, bestehe darin, »dass wir Techniker versuchen, ohne den Tod zu leben. Wörtlich: Du behandelst das Leben nicht als Gestalt, sondern als bloße Addition, daher kein Verhältnis zur Zeit, weil kein Verhältnis zum Tod. Leben sei Gestalt in der Zeit«

Anselm Grün

(Frisch, 212). Max Frisch sieht in dem Bild des »Homo faber« eine Perversion des Menschseins. Der Mensch wird
unfähig zu einer guten Beziehung zum Kosmos. Er möchte
die Natur beherrschen, weil er sie nicht spüren kann und
er es nicht ertragen kann, dass sie ihm Widerstand leistet.
Er möchte Herr sein über die Natur. Wenn die Natur ihre
Macht zeigt, dann ist das eine Kränkung des narzisstischen
Menschen, der meint, alles im Griff zu haben. Der »Homo
faber« ist letztlich gefühllos und daher unfähig zu menschlichen Beziehungen. Vor allem ist er unfähig, die Frau als
Frau zu akzeptieren und sich auf sie einzulassen. Er muss
auch sie beherrschen. Doch das zerstört jede echte Beziehung.

Wenn man den Prometheus-Mythos mit der biblischen Erzählung vom Sündenfall vergleicht, kann man Parallelen
erkennen. Der »Sündenfall«, um den es in der Geschichte
geht, besteht eigentlich darin, dass der Mensch wie Gott
sein will. Er will die gleiche Erkenntnis haben. Man könnte
das weiter ausdeuten, dass er nicht nur Erkenntnis haben
möchte, sondern auch die Welt beherrschen möchte. Mit
seinem Wissen kann er die Welt kontrollieren. Doch die
Folge ist das Gegenteil. Adam und Eva werden aus dem Paradies vertrieben. Adam muss nun den Boden beackern, der
hart und nur schwer zu bebauen ist: »Unter Mühsal wirst
du von ihm essen, alle Tage deines Lebens. Dornen und Disteln lässt er dir wachsen, und die Pflanzen des Feldes musst
du essen. Im Schweiße deines Angesichts sollst du dein Brot
essen, bis du zurückkehrst zum Ackerboden. Von ihm bist
du ja genommen. Denn Staub bist du, zum Staub musst du
zurück« (Genesis 3,17–19). Sein Traum von der Erkenntnis

endet im Wissen darum, dass er nackt ist. Sein Traum, die Welt zu beherrschen, wird zerstört, indem er unter Mühsal den Ackerboden bebauen muss, der von Dornen und Disteln bewachsen ist. Seinem mühevollen Handeln entspringt also keine Frucht, sondern nur Unkraut.

Beide Bilder – Prometheus als der Mann, der das Feuer der Erkenntnis bringt und uns als »Homo faber« die Welt nach unserem Gutdünken gestalten lässt, und Adam, der vom Baum der Erkenntnis isst und nun im Schweiß seines Angesichts sein Brot essen muss – zeigen etwas Wesentliches unserer menschlichen Existenz. Es sind Mythen, die das Geheimnis unseres Lebens beschreiben, ohne es im Letzten erklären zu können. Beide Erzählungen warnen uns davor, zu meinen, wir könnten die Welt nach unseren eigenen Maßstäben beherrschen und das Leben kontrollieren. Dabei geht es nicht darum, den Fortschritt in der Wissenschaft und der Technik abzulehnen. Beide haben uns große Wohltaten erwiesen und das Leben vieler Menschen leichter und besser gemacht. Aber sie haben immer auch eine Schattenseite. Gerade in unserer Zeit wollen diese beiden Mythen uns daran erinnern, dass wir nicht alles beherrschen können, die Natur und unser Leben. Es braucht einen Gegenpol. Und das ist die Anerkennung und Wahrung unserer Grenzen. Statt die Natur und das menschliche Leben zu beherrschen, geht es darum, beides zu erleben und zu genießen, wie es uns als Menschen mit Leib und Seele angemessen ist. Zu diesem angemessenen Leben gehört die Akzeptanz unserer Verletzlichkeit und unserer Sterblichkeit. Und zu diesem Leben, das unserem Wesen entspricht, gehört die liebevolle Sorge für die Natur. Wie Prometheus

Anselm Grün

meinten wir, wir könnten die Natur beherrschen. Der Klimawandel zeigt uns, dass dies nicht der Fall ist und dass es für uns unabsehbare Folgen hat, wenn wir nicht von unserem Herrscherwahn ablassen.

Wenn wir einseitig als »Homo faber«, als Macher leben, dann verlieren wir die Beziehung zu uns selbst und zur Natur. Wir werden unfähig, die Natur zu erleben. Sie wird uns nicht zum Partner, sondern nur zum Objekt, das wir kontrollieren und so behandeln, wie es unseren eigenen Zwecken entspricht. Der Mensch als Macher ist in der Gefahr, auch den anderen nur als Objekt zu sehen. Und er reduziert das Menschsein auf die Leistung. Er ist – wie Max Frisch das eindrücklich schildert – beziehungsunfähig, unfähig, eine tragfähige Beziehung zu anderen einzugehen, unfähig zur Beziehung zu sich selbst und unfähig, mit der Natur in Beziehung zu treten. Diese Beziehungsunfähigkeit reduziert sein Menschsein.

So wollen beide Mythen uns einladen, dem Geheimnis unseres Menschseins auf die Spur zu kommen und zugleich etwas über den unserem Wesen als Mensch angemessenen Umgang mit der Natur, mit Krankheit und mit unserer Seele zu lernen. Die Corona-Pandemie zwingt uns, über die Grundlagen unseres Menschseins nachzudenken. Was brauchen wir, wenn wir nach dieser Zeit wieder angemessen leben wollen? Es geht nicht nur darum, was wir nach der Krise tun sollen, sondern zuerst einmal darum, wie wir sein wollen. Aus dem Sein entspringt dann das Handeln. Es wird ein wesensgemäßes Handeln sein, ein Tun, das der Welt und dem Menschen gerecht wird.

# Das Beherrschen der Natur

Seit Jahrtausenden hat der Mensch Teile der Natur kultiviert, Boden urbar gemacht, gerodet, gepflanzt, Vieh gehalten. Doch sehr lange war ihm dabei immer bewusst, dass er weiterhin die Natur nicht in der Hand hatte, sondern von ihr abhängig blieb: Der Ertrag der Felder war vom Wetter abhängig. Es gab immer wieder Dürren, die viele Menschen verhungern ließen. Es gab Naturkatastrophen, die seine mühsam errichteten Bauwerke und seine Felder und Häuser einfach hinwegrissen. Der Mensch erlebte die Spannung zwischen dem, was in seiner Macht liegt, und dem, was seiner Macht entzogen ist. Er rechnete damit, dass die Natur sich nicht immer von der freundlichen Seite zeigt, sondern auch zur Gefahr werden kann: durch Überschwemmung, durch Hitze und Dürre, durch Heuschreckenplagen und durch Seuchen, die ein Volk heimsuchten.

Heute sind wir durch Technik und Wissenschaft deutlich unabhängiger von den äußeren Umständen beziehungsweise den Gegebenheiten der Natur. Das verlockt zu der Idee, wir könnten den Ertrag des Ackerbodens und der Viehzucht immer weiter steigern. Doch die Industrialisierung der

Landwirtschaft hat die Natur in vielen Bereichen geschädigt und in manchen ganz zerstört. Doch das hat sich häufig gerächt.

Heute erkennen wir die Grenze unseres Wirtschaftens. Die Meere sind leergefischt. Manche Böden sind durch Dünger verseucht. Darunter leidet die Trinkwasserqualität. Alles, was wir tun, alles, was wir der Natur antun, hat Folgen. Doch wir haben jahrelang die Augen davor verschlossen. Der Klimawandel zeigt uns, dass wir auf Dauer nicht so weiterwirtschaften können.

Der Klimawandel hat aber auch noch eine andere Ursache: die Technisierung und die Mobilisierung unserer Gesellschaft führt zu immer höherem Energieverbrauch, wodurch der $CO_2$-Ausstoß immer größer wird. Durch die Erwärmung werden ganze Landschaften zur Wüste oder aber in Folge des steigenden Meeresspiegels überschwemmt.

Natürlich bedarf es zur Überwindung dieses Dilemmas nicht nur eines neuen Lebensstils, der weniger Energie verbraucht und weniger schädlich für die Umwelt ist. Wir brauchen auch den Erfindergeist des Prometheus. Wir brauchen die Erkenntnis, die Forschung, die neue Wege findet, wie wir den Energieverbrauch senken und den Klimawandel aufhalten können. Wir brauchen heute eine Technik, die nicht in erster Linie die Produktion steigern möchte, sondern die Umwelt schont und neue Wege findet, von der fossilen Energieerzeugung zu anderen Formen der Energiegewinnung zu gelangen. Inzwischen gibt es dazu viele erfolgversprechende Ansätze. Beides gehört jedoch zusammen: ein einfacher Lebensstil und das Forschen an neuen Formen der Energiegewinnung und des Energieeinsparens.

Papst Franziskus erkennt in seiner Umweltenzyklika die Wohltaten an, die die Technik dem Menschen im Lauf der Jahrhunderte geschenkt und durch die sie sein Leben erleichtert hat. Jedoch hat er sich auch immer mehr Macht über die Natur angeeignet. Das kann ein Segen sein, doch sie kann auch zum Fluch werden, wenn sie missbraucht wird. Der Papst zitiert Romano Guardini, der meint, die Macht werde dann falsch gebraucht, »wenn keine Freiheitsnormen, sondern nur angebliche Notwendigkeiten des Nutzens und der Sicherheit bestehen« (Laudato si, Nr. 105, Romano Guardini, Das Ende der Neuzeit, Würzburg 1965, 87f).

Franziskus sieht aber nicht nur bei den Wissenschaftlern und Politikern die Verantwortung, die Grenzen der Natur einzuhalten und die Umwelt zu schützen, sondern bei allen Menschen. Daher spricht er von einem ökologischen Lebensstil, den es zu kultivieren gilt. Die aktuelle Situation in unserer Welt lädt uns ein, über unseren Lebensstil nachzudenken. Der Papst meint, der Mensch von heute sei in einen Strudel von unnötigen Anschaffungen und Ausgaben geraten. »Der zwanghafte Konsumismus ist das subjektive Spiegelbild des techno-ökonomischen Paradigmas« (Laudato si, Nr. 203).

Ein Grund für einen Lebensstil, bei dem wir immer mehr Dinge benötigen, ist die innere Leere: »Während das Herz des Menschen immer leerer wird, braucht er immer nötiger Dinge, die er kaufen, besitzen und konsumieren kann. In diesem Kontext scheint es unmöglich, dass irgendjemand akzeptiert, dass die Wirklichkeit ihm Grenzen setzt« (Laudato si, Nr. 204). Wir versuchen, unsere innere Leere mit vielen unnötigen Dingen oder ständigen Aktivitäten zuzudecken. Hinter dieser inneren Leere steckt auch ein Mangel an Spiritualität. Daher ist die Spiritualität ein wichtiger Weg, unsere übertriebenen Bedürfnisse einzuschränken. Denn wer auf dem geistlichen Weg seine innere Mitte gefunden hat und den Reichtum seiner Seele spürt, der braucht nicht so viele Dinge, um seine innere Leere zu überspielen. Die Pandemie und der Klimawandel weisen uns sehr deutlich auf die Grenzen hin, die uns im Umgang mit der Natur und ihren Ressourcen entgegentreten.

Anselm Grün

# Das Beherrschen der Gesundheit

Die Medizin hat in den letzten Jahrzehnten große Fortschritte gemacht und es ermöglicht, dass manche Krankheiten heilbar geworden sind oder man zumindest eine deutlich längere Lebenserwartung damit hat. Sie ist für die Menschheit zum Segen geworden. Doch die Pandemie zeigt uns auch die Grenzen der Medizin. Denn klar ist: Das Ende dieser Pandemie bedeutet nicht, dass Ähnliches in Zukunft nicht mehr vorkommen wird. Es wird immer wieder neue Viren geben, die nicht nur dem einzelnen Menschen schaden, sondern die ganze Welt durcheinanderbringen. Zudem entstehen immer wieder neue Krankheiten, die bisher unbekannt waren und gegen die es daher zunächst keine Medizin geben wird. Dazu zählen auch sogenannte Zivilisationskrankheiten wie Krankenhauskeime, die sich trotz der Beachtung aller Hygienevorschriften ausbreiten und die einfach nicht in den Griff zu bekommen sind. Ein anderes Problem: Viele Menschen werden gegenüber einigen Sorten von Antibiotikum resistent. Das Allheilmittel gegen Entzündungen wirkt bei manchen nicht mehr.

Bisher hatte man sich in der Medizin wenig Gedanken gemacht über den Zusammenhang zwischen Klimawandel und Gesundheit. Doch in den letzten Jahren haben Ärzte auf die gesundheitsschädlichen Folgen der Umweltzerstörung aufmerksam gemacht. Beispielsweise sterben immer mehr Menschen an den Folgen andauernder Hitzewellen. Die unsaubere Luft fördert Atemwegserkrankungen, Allergien nehmen zu. Durch Warentransport und weltweite Reisen gelangen Pflanzen in unsere Umwelt, die hier nicht heimisch sind, beispielsweise die Ambrosia-Pflanze, die aus den USA nach Deutschland kam und sich hier gebietsweise ausbreitet. Ihre aggressiven Pollen lösen nicht nur bei Allergikern hohe Reize aus, die zum Teil dauerhaft gesundheitsschädlich sind. Insgesamt verändert die Erderwärmung die allergenen Pflanzen und steigert deren Aggressivität (Trippel, 84f und 95f). Der Corona-Virus wurde wahrscheinlich von einem Wildtier, das auf dem Markt verkauft wurde, auf einen Menschen übertragen. Eine »Quelle für gefährliche Viren ist der Wildtierhandel« (Trippel, 131). Je wärmer die Seen werden, desto mehr Parasiten tummeln sich im Wasser, die uns gesundheitlich schaden können (Trippel, 142ff). Zecken, Stechmücken, ja sogar die asiatische Tigermücke breiten sich auch bei uns immer weiter aus und bringen immer neue Infektionskrankheiten (Trippel, 151ff). Waldbrände nehmen durch die Trockenheit infolge des Klimawandels zu. Sie gefährden nicht nur die Natur und das Leben von Menschen, sie sind vor allem durch den entstehenden Rauch für viele Menschen gefährlich (Trippel, 202ff). Es wird immer deutlicher, dass wir unsere Gesundheit nicht in Griff bekommen und dass der Klimawandel neue Probleme für unsere Gesundheit erzeugen

Anselm Grün

wird. Die moderne Medizin hat diese Gefahren erkannt und forscht auf der einen Seite daran, wie sie den Menschen davor schützen kann. Auf der anderen Seite fordert sie nicht nur die Politik, sondern auch die Wirtschaft und die Bürger heraus, das ihnen Mögliche zu tun, um die Versprechungen einzuhalten, die auf dem Klimagipfel vereinbart worden sind.

Dennoch bleibt die Medizin auch in vielen Bereichen hilflos, wenn es darum geht, die Gesundheit der Menschen zu schützen. Die Folge ist das Entstehen einer neuen Art von Gesundheitsreligion, die nur um das körperliche Befinden kreist. Viele Menschen, die sich ihr verschreiben, glauben, dass sie die Gesundheit beherrschen können. Alles, was dazu nötig ist, sei gesunde Ernährung, mehr Bewegung und psychologische Methoden. Sie gehen davon aus: Wenn sie eine gesunde Lebensweise pflegen, dann werden sie in keinem Fall krank. Doch Gesundheit lässt sich nicht garantieren, durch keine Diät, durch kein Bewegungsprogramm und auch nicht durch positives Denken. Jedes Jahr gibt es neue Trends in diesem Bereich. Da werden neue Theorien aufgestellt, welche Nahrung für uns gesund ist, welche Formen von Bewegung oder welche spirituelle Methoden die Gesundheit fördern. Manche Menschen sind so fixiert auf ihre Gesundheit, dass sie gerade deshalb oft krank sind. Sie kreisen immer nur um ihren Körper und meinen, sie könnten ihre Gesundheit beherrschen. Doch dann werden sie krank. Sogleich fragen sie sich, was sie falsch gemacht haben oder ob sie falschen Informationen gefolgt sind, ob sie ungesunde Speisen gegessen haben und so weiter. Hinter diesen Fragen, was oder wer die Schuld an der Krankheit hat, steckt letztlich das Gefühl, wir hätten alles im Griff. Wenn wir alles richtig machen mit der Ernährung und der Lebensweise, dann müssten wir doch auch gesund sein. Doch die Krankheit durchkreuzt diese Vorstellung. Natürlich ist es gut, sich gesund zu ernähren und zu leben. Aber wir bekommen dadurch keine Garantie für unsere Gesundheit.

Ein Beispiel: Eine Frau gab sich viel Mühe, gesund zu leben: ausgewogene Ernährung, genügend Sport, Entspannungsübungen, Achtsamkeitstraining. Dann bekam sie vom Arzt die Diagnose, sie habe eine Autoimmunerkrankung. Sofort fragte sie nach den Ursachen: Hat ihr der Arzt falsche Ernährungsgrundsätze vermittelt? Oder liegt die Schuld bei ihr selbst? Hat sie sich selbst bekämpft? Hat sie sich selbst abgelehnt? Ich sagte ihr: »Lassen Sie die Frage nach der Ursache und nach der Schuld. Es gibt viele Ursachen für die Krankheit. Wir wissen es letztlich nicht.« Statt nach den Ursachen zu fragen, sollten wir uns vielmehr von der Krankheit unsere Illusionen nehmen lassen. Etwa die, ich bräuchte mich nur gesund zu ernähren und psychisch authentisch zu leben, dann würde ich immer gesund sein. Es braucht die Demut, anzuerkennen, dass ich jetzt krank geworden bin, ganz gleich, was der Grund dafür ist. Die Krankheit zwingt mich, mein eigenes Selbstbild loszulassen, dass ich alles, was ich will, auch erreichen kann. Die Krankheit zeigt mir meine Grenzen auf.

Wie oben schon erwähnt, stammen nach dem griechischen Mythos alle Krankheiten aus der Büchse der Pandora. Parallel dazu deuten die Kirchenväter die Sündenfallerzählung so, dass seit diesem Tag der Mensch an körperlichen und

Anselm Grün

seelischen Krankheiten leidet. Viele Ärzte haben versucht, die Menschen von ihren Krankheiten zu heilen. Doch ihr Wirken hatte nur begrenzten Erfolg. Daher sandte Gott seinen Sohn gleichsam als Oberarzt (griechisch: *archiatros = Oberarzt* oder auch *Chefarzt*), der fähiger ist als die bisher tätigen Ärzte. Christus kam, damit der Mensch seine ursprüngliche Gesundheit wiedererlangt (vgl. Dörnemann, 146). Origenes erzählt von einer Stadt, in der der Wundbrand ausgebrochen ist. Die Ärzte versuchen ihr Bestes, aber sie können die Krankheit nicht heilen. »In dieser Lage kommt ein Oberarzt, der höchste Fachkenntnis besitzt. Wenn nun die erstgenannten Ärzte, die keinen Erfolg bei der Heilung hatten, sehen, wie unter der Hand des Meisters die Fäulnis zurückgeht, dann empfinden sie keinen Neid und werden nicht von Missgunst gequält, sondern haben nur höchstes Lob für den Oberarzt und preisen Gott, der ihnen und den Kranken einen Menschen mit solchen Kenntnissen geschickt hat« (Origenes bei Dörnemann, 146f).

Für Origenes ist Christus dieser Oberarzt, der den menschlichen Ärzten zu Hilfe kommt, weil er vor allem die seelischen Krankheiten zu heilen vermag. Christus heilt aber nicht nur als Arzt, sondern – so meint der Lehrer von Origenes, Clemens von Alexandrien – auch als Erzieher, der den Menschen einen guten Weg zeigt, wie sie auf gesunde Weise leben können. Das Erlösungswerk beschreiben diese beiden frühchristlichen Theologen, die offensichtlich auch Medizin studiert hatten, nicht als Erlösung von der Sünde oder gar als Sühne für die Sünden, sondern als Heilung des Menschen. Diese Heilung bezieht sich jedoch nicht nur auf den Körper, sondern vor allem auf die Seele. Denn seelische Krankheiten wie Gier und Maßlosigkeit machen auch den Körper krank. Clemens und Origenes fragen nicht nach den Ursachen der Krankheiten, sondern sie sehen einfach die körperlichen und seelischen Krankheiten und verstehen Christus als den Oberarzt, der den kranken Menschen eine viel stärkere Medizin bringt als es die anderen Ärzte vermögen. Allerdings ist Jesus kein Zauberer, der uns alle Krankheiten wegnimmt. Die Heilung geschieht in der Begegnung und durch die Offenheit den Worten und der Lehre Jesu gegenüber. Jesus ist kein Wundermedikament, sondern ein Arzt, dem ich meine Krankheit erkläre und zeige. Er heilt mich manchmal durch eine bittere Medizin, wie es die Ärzte auch tun, und oft, indem er mir Wege aufzeigt, wie ich gesund werden kann. Aber diesen Weg muss ich selbst gehen und mich dabei auf die Worte Jesu einlassen.

Origenes verteidigt den christlichen Glauben gegenüber dem griechischen Philosophen Kelsos. Dieser ist der Ansicht, es würde Gott nicht geziemen, Mensch zu werden. Doch Origenes begründet die Menschwerdung durch das Tun der Ärzte, die auch die üblen Gerüche der Kranken und ihre Gebrechen aushalten müssen: »Ärzte müssen zu den Orten gehen, wo die Soldaten leiden, und sie müssen dort eintreten, wo der schlimme Geruch von ihren Wunden herrscht. Das verlangt die menschenfreundliche Heilkunde; genauso hat der Logos dem Heiland und auch den Propheten eingegeben, nicht nur hierher auf die Erde zu kommen, sondern auch zur Hölle hinabzusteigen« (Dörnemann, 141). Gegen den Vorwurf des Kelsos, die Christen seien sich nicht einig, sondern würden verschiedene Lehren verbreiten, antwortet Origenes wieder mit dem Bild des Arztes: Es gebe verschiedene medizinische Schulen und Lehren. Sie alle betrachteten eine Krankheit von verschiedenen Standpunkten aus. Gerade die Verschiedenheit diene also der Heilung der Menschen. Die Härte des Lebens, die Verfolgungen und Leiden der Christen begründet Origenes ebenfalls mit dem Tun des Arztes, der dem Kranken oft bittere Medizin verabreicht, um ihn zu heilen, und der mitunter die Wunde aufschneiden muss, um sie behandeln zu können. Wir können über Gott und Jesus als Arzt nicht verfügen. Er erfüllt uns auch nicht alle unsere Wünsche nach Genesung. Die Heilung der Krankheiten durch den Oberarzt Jesus Christus geschieht nicht durch Beherrschen der Krankheit, sondern durch liebevolle Behandlung, die sich immer auf beides erstreckt: Leib und Seele. Die Heilung ist ein langer Prozess. Der Arzt ist nicht der »Homo faber«, der die Krankheit im Griff hat, sondern einer, der sich ganz auf die Krankheit, auf die üblen Gerüche des Kranken, auf seine Schmerzen einlässt und sie liebevoll mit seinen Salben, mit seiner Berührung, mit seiner Liebe behandelt, bis die Wunde heilt.

Wenn wir die Lehre der Kirchenväter auf unseren Umgang mit Krankheiten beziehen, dann würdigen wir mit den Kirchenvätern auch heute das Wirken der Ärzte. Wir sind ihnen dankbar, dass sie sich den Menschen zuwenden. Und wir sind der medizinischen Forschung dankbar, dass sie so viele Krankheiten in den Griff bekommen hat. Aber wir sollten die Fixierung auf unseren Körper aufgeben. Die Krankheiten – so sagen die Kirchenväter – haben immer auch eine seelische Komponente. Seelische Krankheiten wie Gier, Habsucht, Maßlosigkeit wirken sich krankmachend auf den Körper aus. Zudem wirken körperliche Krankheiten auf die Seele zurück.

Ein anderer Punkt, den die Lehre der Kirchenväter uns heute vermitteln kann, ist die Anerkennung der Grenzen, die der Medizin auch heute gesteckt sind. Wir können nicht jede Krankheit heilen. Wir können vor allem nicht nur mit Medikamenten und Operationen jede Krankheit in Griff bekommen. Mediziner wie Psychologen haben erkannt, dass bei der Heilung die Begegnung immer das Entscheidende ist. In der Begegnung mit dem Arzt und in der Begegnung mit Christus als dem Oberarzt begegnen wir immer auch uns selbst und unserer Wahrheit. Nur wenn wir uns der eigenen Wahrheit stellen, kann ein Arzt, kann ein Medikament, kann eine Begegnung uns heilen.

Es wird uns nie gelingen, alle Krankheiten völlig auszurotten. Ganz gleich, wie weit die Medizin auch fortschreitet in ihren Erkenntnissen: Menschen werden immer wieder krank werden. Die Krankheit gehört zum Menschen. Sie kann auch zu einem wichtigen Reifungsschritt werden. Und vor allem führt sie zur demütigen Anerkenntnis unserer Brüchigkeit und Hinfälligkeit, unserer Begrenztheit und Endlichkeit.

Anselm Grün

# Das Beherrschen der Psyche

Dass viele körperliche Leiden mit der Psyche des Menschen zusammenhängen, war den Menschen zu allen Zeiten bekannt. Die moderne Psychologie hat uns das heute aber neu erkennen lassen. Viele Therapeuten sehen ihre Aufgabe jedoch nicht in der Heilung, sondern in der Linderung seelischer Probleme. Sie begleiten den psychisch Kranken, damit er besser mit sich selbst und seinem Leben zurechtkommt. Der Heilungsweg kann nur über das Annehmen und Akzeptieren der seelischen Krankheit gelingen. Nur was man angenommen hat, kann auch verwandelt und geheilt werden.

Heute macht sich in manchen Formen der Psychotherapie die Mentalität des »Homo faber« breit. Manche Ratgeber vermitteln den Eindruck: Wenn du diese oder jene Methode anwendest, dann geht es dir gut, dann wirst du gesund. Therapeutische Bücher entwickeln psychologische Methoden und versprechen dem Leser, dass diese seine Probleme lösen werden. Mir ist in dieser Hinsicht ein Buch mit Titel »Wie du dich in sieben Tagen vollständig verändern kannst« aufgefallen. Das ist letztlich utopisch. Zudem steckt im Begriff der »Veränderung« etwas Aggressives, das den

»Homo faber« auszeichnet: Ich muss ein anderer Mensch werden. Alles muss ganz anders werden. Aber hier gilt der alte Grundsatz, den die Kirchenväter immer wieder betonen: Nur das, was angenommen wird, kann verwandelt und geheilt werden. Das, was ich in mir ablehne, bleibt an mir hängen. Ich kämpfe dann ständig dagegen an. Doch was ich bekämpfe, entwickelt eine Gegenkraft, sodass ich ständig mit dem Kämpfen beschäftigt bin. Der christliche Heilungsweg geht eher den Weg der Verwandlung. Das bedeutet: Ich nehme zuerst einmal an, was ich bin und wer ich bin. Ich nehme meine Krankheit und meine neurotischen Lebensmuster an. Dann schaue ich, wie ich durch meine seelischen Probleme hindurch immer mehr zu meinem inneren Selbst gelangen kann, wie das ursprüngliche Bild, das Gott sich von mir gemacht hat, in mir klarer aufleuchten kann.

Für Origenes ist Christus nicht nur der Arzt für unsere Krankheiten, sondern auch unser Seelenarzt. Er ist der Überzeugung, dass durch den Sündenfall vor allem die Seele des Menschen krank geworden ist. Origenes beschreibt diese seelischen Krankheiten mit Termini der stoischen Philosophie, zum Beispiel als Feuer des Neides und der Missgunst, als Zorn, als Trauer, als Raserei, Betrübnis und Tollheit, Unvernunft oder Wahnsinn. Die Heilung durch den Seelenarzt Christus sieht Origenes ähnlich wie das Wirken der Ärzte: »Wie nämlich die Ärzte in Hinblick auf die Heilung und Gesundheit der Kranken bestimmte bittere Stoffe den Heilmitteln zufügen, so wollte auch der Arzt unserer Seelen im Hinblick auf unser Heil, dass wir die Bitterkeiten dieses Lebens in verschiedenen Prüfungen erdulden,

Anselm Grün

da er wusste, dass am Ende dieser Bitterkeit unsere Seele die Süße des Heils erwirbt« (Dörnemann, 154f). Das Ziel der Heilung ist, dass die Seele zur gottgewollten Harmonie zurückfindet. Doch der Weg dahin ist oft eine schmerzliche Behandlung. Die Seele leidet Schaden durch die Sünde. Die Heilung geschieht, indem Christus als Arzt die Schäden unserer Seele durch schmerzliche Behandlungsmethoden hinwegräumt wie zum Beispiel durch die Konfrontation mit unserer Wahrheit, durch ehrliche Selbsterkenntnis, durch die Begegnung mit unseren Schattenseiten.

Die seelischen Krankheiten und deren Behandlung beschreibt auch Basilius von Caesarea. Er ist der Überzeugung, der Umgang mit Reichtum, die Vergnügungssucht, der Neid und andere Haltungen machten viele seelisch krank. Die Heilung der Seele geschieht vor allem durch die Lehre Jesu und durch seine Weisheit. Die Gesundheit der Seele soll der Christ wichtiger nehmen als die Gesundheit des Leibes. Basilius beschreibt die krankmachende Wirkung von Habsucht und Hochmut: Unmäßiger Besitz »verblendet in törichter Weise, erhöht vergeblich das Selbstgefühl, verursacht in der Seele eine Entzündung ähnlich einer Krankheit. Denn der Tumor entzündeter Körperteile ist weder gesund noch nützlich, sondern krankmachend und schädlich, der Anfang der Gefahr und die Ursache des Untergangs. Etwas derartiges ist in der Seele der Hochmut« (Dörnemann, 213). Daher ist die Demut ein wichtiges Heilmittel für die Seele.

Die typische Denkweise des »Homo faber«, dass er tun kann, was er will, würden die Kirchenväter wohl auch unter die krankmachenden Haltungen rechnet. Es geht darum, sein Menschsein anzunehmen mit allen Begrenzungen. Darin besteht die Demut: seine eigene Menschlichkeit und Erdhaftigkeit anzunehmen. Alles, was das menschliche Maß überschreitet, alles, was unsere menschliche Begrenztheit leugnet, schadet letztlich der Seele. Der Schweizer Psychiater Daniel Hell ist der Ansicht, dass die Depression oft ein Hilfeschrei der Seele gegenüber den maßlosen Selbstbildern sei, etwa dem Bild, man müsse immer perfekt sein, immer erfolgreich, immer alles im Griff haben, alles können, was man will. Die seelischen Krankheiten sind oft Ausdruck eine Rebellion gegenüber den Illusionen, die wir uns von uns und unserem Leben gemacht haben.

Der katholische Psychiater Albert Görres meint, viele neurotischen Erkrankungen kämen aus der Weigerung, »jene Grenzen des Begehrens anzuerkennen, die sich aus den Rechten und berechtigten Interessen anderer ergeben«. Viele werden krank, weil sie nicht bereit sind, »sich mit jenen Grenzen abzufinden, die aus der Macht des Unabänderlichen folgen« (Görres, Das Böse, 87). Die Psychotherapie – so meint Görres – könne dem Menschen helfen, unbegründete Schuldgefühle aufzulösen, »die Übermacht von zwingenden und suchthaften Impulsen zu ermäßigen« (Görres, Das Böse, 141).

Aber auch das hat Grenzen: »Die Hoffnung, der Mensch werde durch Psychologie durch und durch erneuert werden, ist keine berechtigte Hoffnung« (Görres, Das Böse, 142). Die Psychotherapie kann dem Menschen helfen, mit seinen neurotischen Mustern besser umzugehen und sich von Zwängen zu befreien. Aber eine vollständige Heilung kann sie dem seelisch kranken Menschen nicht versprechen. Daher ist es wichtig, sich die Grenzen der Psychotherapie einzugestehen. Alle Verheißungen, wir würden durch eine solche Behandlung vollständig gesund, sollten wir kritisch sehen. Vor allem esoterische Heilungswege versprechen heute den Menschen nicht nur Gesundung, sondern zugleich eine Steigerung der Intelligenz, der Lebensfreude, der Fähigkeit, in kurzer Zeit erfolgreich zu werden. Gegenüber solchen Verheißungen sollten wir uns immer der Grenzen jeder Psychotherapie und jeder therapeutischen Behandlung bewusst sein.

Die Idee von Beherrschbarkeit schleicht sich in manche Formen heutiger Psychotherapie ein. Man stellt eine genaue Diagnose und meint, nach einer kurzen Zeit könne man die Klienten von den Symptomen befreien und die Krankheit heilen. Dabei müsse die Therapie möglichst kurz sein und ihre Wirkung genau feststellbar. Dagegen wehrt sich der amerikanische Psychoanalytiker und Psychotherapeut Irvin D. Yalom. Er sieht seine Aufgabe eher darin, »Hindernisse zu beseitigen, die den Weg meines Patienten blockieren« (Yalom, Der Panama-Hut, 15).

Es geht in der Psychotherapie, so wie Yalom sie versteht, um das Wachstum des Menschen. Daher weigert er sich, wie es von den Krankenkassen verlangt wird, »eine präzise Diagnose zu stellen, um dann mit einer kurzen, konzentrierten Therapie zu beginnen, die der jeweiligen Diagnose entspricht« (Yalom, Der Panama-Hut, 18). Er ist der Ansicht, das klinge logisch und effizient, doch es gehe an der Realität des Klienten vorbei. »Es stellt nämlich den illusorischen Versuch dar, wissenschaftliche Genauigkeit zu erzwingen, wo sie weder möglich noch wünschenswert ist« (Yalom, Der Panama-Hut, 18). Daher plädiert Yalom dafür, den Klienten auf seinem Weg der Selbstwerdung zu begleiten und ihm bei seinem inneren Wachsen zu helfen. Diese Form von Therapie erkennt ihre Grenzen an. Doch insgesamt spüren wir, dass der Gedanke der Beherrschbarkeit in alle Bereiche des menschlichen Lebens einzudringen droht, auch in die Psychotherapie.

# Das Beherrschen der Geburt und des Todes

Geburt und Tod gehören zum Geheimnis des menschlichen Lebens, beides geschieht an uns, wir haben es nicht in der Hand. Sobald wir geboren werden, gehen wir auf den Tod zu. Das gehört wesentlich zu unserem Schicksal. Sich mit dem Tod zu versöhnen, mit dem Tod in jedem Augenblick zu rechnen, ist ein wesentlicher Teil der Weisheit der Wüstenväter. Das entspricht aber auch schon der Weisheit der griechischen Philosophie. So mahnt Gregor von Nazianz: »Du sollst dieses Leben zu einer Vorbereitung auf den Tod machen, so sagt Plato, und deine Seele befreien« (Dörnemann, 221).

Für die frühen Mönche in der Wüste führte das tägliche Denken an den Tod zur Freiheit von Angst. Denn wenn ich weiß, dass mein Leben begrenzt ist, werde ich jeden Augenblick bewusst leben. Der Gedanke an den Tod intensiviert das Leben, gibt mir ein Gespür für den Wert jeden Augenblicks. Ein Wüstenvater wurde einmal gefragt, warum er nie Angst habe. Er meinte, weil er sich täglich den Tod vor Augen halte. An den Tod zu denken, befreit von der Angst vor dem

Tod. Ich rechne mit ihm und lebe daher in innerer Freiheit. Ich muss nicht alles noch in diesem Leben erledigen. Ich tue das, was ich kann, und vertraue darauf, dass Gott das Fragment meines Lebens ganz und vollständig machen wird.

Im Gegensatz zu früheren Zeiten stehen heute durch den medizinischen Fortschritt die Chancen für Frauen sehr gut, dass eine Geburt gelingt und Mutter und Kind wohlauf sind. Zudem hat dieser Fortschritt dafür gesorgt, dass Menschen heute länger leben, aber auch den Tod würdig bestehen können, indem er uns gerade in Form der Palliativ-Medizin von den Schmerzen befreit, die mit dem Tod verbunden sind. Es gibt jedoch heute auch Tendenzen, sowohl die Geburt als auch den Tod kontrollieren, ihn gleichsam beherrschen zu wollen. So ist es beispielsweise durch die pränatale Diagnostik möglich, vorgeburtlich festzustellen, ob ein Kind gesund oder mit einer schweren Erkrankung zur Welt kommen wird. Das setzt Schwangere häufig unter Druck und stellt sie vor die Entscheidung, ob sie ihr möglicherweise behindertes Kind gebären oder abtreiben sollen. Manche sehen sich dann mit dem Vorwurf konfrontiert, sie würden der Menschheit und der eigenen Familie mit einem behinderten Kind zu viel zumuten. Andere gehen noch weiter: Mit einem behinderten Menschen umzugehen, ja ihn schon zu erblicken, sei eine Zumutung für den gesunden Menschen. Doch eine Gesellschaft, die Krankheit und Behinderung ausschließt oder verdrängt, wird immer härter und brutaler. Sie erzeugt geradezu eine krankmachende Atmosphäre.

Manche Medizinethiker beschreiben eine weitere Gefahr, die die pränatale Diagnostik mit sich bringt: Würde man diese

Anselm Grün

immer weiter ausdifferenzieren, so sei es irgendwann möglich, dass man künftig auswählen kann, welches Kind man zur Welt bringt, zum Beispiel nur noch eines mit einem hohen Intelligenzquotienten oder anderen wünschenswerten Begabungen. Der Philosoph und Soziologe Jürgen Habermas unterscheidet hier zwischen dem »Gewachsenen« und dem »Gemachten«. Das Kind wird gleichsam gemacht: »Mit der Entscheidung über sein genetisches Programm haben die Eltern Absichten verbunden, die sich später in Erwartungen an das Kind verwandeln, ohne jedoch dem Adressaten die Möglichkeit zu einer *revidierenden* Stellungnahme einzuräumen« (Habermas, 302). Damit haben die Eltern »allein nach eigenen Präferenzen so entschieden, als verfügten sie über eine Sache« (Habermas, 302). Doch Menschen sind eben keine Dinge, Kinder nichts, das man sich nach eigenen Wünschen zusammenstellen oder bestellen kann.

Ähnliches gilt für den Umgang mit dem Tod. Man möchte sich ihm nicht einfach ergeben und ihn an sich geschehen lassen, sondern selbst bestimmen, wann man stirbt. Wenn einem das Leben nicht mehr lebenswert erscheint, setzt man ihm selbst ein Ende. Viele begründen das mit der Würde des Sterbens: Sie möchten in Würde sterben und nicht vom Tod dahingerafft werden. Doch damit übergeht man wesentliche Reifungsschritte des Menschen. Im Sterben arbeiten viele ihr Leben auf. Sie versöhnen sich damit und lernen, vieles und letztlich sich selbst loszulassen und sich in Gottes gute Hände fallen zu lassen. Suizid ist zudem ein aggressiver Akt, nicht nur gegen sich selbst, sondern auch gegenüber den Menschen, die davon mit betroffen sind. Häufig haben Angehörige dann das Gefühl, in diesem Akt stecke die Botschaft: Mit euch kann und will ich nicht mehr leben. Ihr bietet mir nicht den Raum, mit meiner Krankheit zu leben und in Ruhe zu sterben.

Ein weiteres Thema in diesem Zusammenhang ist die Diskussion um die Sterbehilfe, die bisher nur in passiver Form zulässig ist. Die Mehrheit der deutschen Ärzte hat sich gegen eine aktive Sterbehilfe ausgesprochen, »mit dem Hinweis darauf, dass Begleitung, Zuwendung, Schmerzlinderung imstande seien, auch in dieser Phase des Lebens die gebotene Würde des Menschen zu erhalten« (Schölmerich, 64). Aktive Sterbehilfe birgt die Gefahr, dass sie alten und kranken Menschen vermittelt, es wäre an der Zeit, dass sie gehen, weil sie dem Staat und der Familie hohe Kosten verursachen und Zuwendung beanspruchen. Hinter diesen Einstellungen zum Tod erkennen wir, dass die Mentalität des »Homo faber« allmählich alle Lebensbereiche bestimmen möchte. Doch das tut dem Menschen und der Gesellschaft nicht gut.

Der oben schon erwähnte Therapeut Irvin D. Yalom sieht einen großen Fehler der Freudschen Psychoanalyse darin, dass sie die Angst vor dem Tod ausgeklammert hat. Für ihn gehört es wesentlich zum Gelingen des Lebens dazu, dass der Mensch sich mit seinem eigenen Tod auseinandersetzt. Er zitiert in diesem Zusammenhang Seneca: »Niemand erfreut sich des wahren Geschmacks am Leben, außer derjenige, der bereit und willens ist, es zu verlassen.« Und auch Augustinus ist seiner Ansicht nach zu beachten: »Nur angesichts des Todes wird das Selbst des Menschen geboren« (Yalom, Liebe, 259). Yalom sieht in der verdrängten Todes-

Anselm Grün

angst eine Ursache vieler neurotischer Erkrankungen und kritisiert, dass meistens nur die Symptome behandelt werden, aber nicht die dahinterliegende Todesangst. Die wahre Heilung geschieht erst, wenn sich jemand seiner tief im Unbewussten steckenden Todesangst stellt. Yalom identifiziert zwei Abwehrmechanismen gegen die Todesangst, deren sich Menschen häufig bedienen. Zunächst die Ansicht, sich für etwas Besonderes zu halten, unangreifbar und unverletzlich zu sein. Das steckt letztlich auch hinter der Haltung des »Homo faber«. Max Frisch stellt ihn so dar, dass er keinerlei Einstellung zum Tod hat. Sich mit dem eigenen Tod zu beschäftigen, verlangt aber, sich von seiner Unverletzbarkeit zu verabschieden. Yalom schreibt dazu: »Seinen persönlichen Tod zu akzeptieren, bedeutet sich mit einer Anzahl anderer unangenehmer Wahrheiten auseinanderzusetzen, von denen jede ihr eigenes Kraftfeld der Angst hat: dass man endlich ist; dass unser Leben wirklich zu Ende geht; dass die Welt dennoch weiter bestehen wird, dass man einer unter vielen ist – nicht mehr und nicht weniger; dass das Universum unsere eigene Besonderheit nicht anerkennt; dass wir unser ganzes Leben lang gefälschte Gutscheine herumgetragen haben; und schließlich, dass gewisse eindeutige, unveränderliche Dimensionen der Existenz jenseits unserer Einflussnahme sind« (Yalom, Liebe, 297).

Macht und Kontrolle sind Formen der Flucht vor der Todesangst. Als Beispiel für den Mythos von persönlicher Unverletzlichkeit beschreibt Yalom das Schicksal von Hemingway: »Als seine Gesundheit und seine physischen Kräfte nachließen, als seine ›Gewöhnlichkeit‹ (in dem Sinn, dass er sich wie jedermann der menschlichen Situation stellen musste) sich auf schmerzvolle Weise zeigte, wurde er unglücklich und schließlich sehr deprimiert. Seine letzte Krankheit, eine paranoide Psychose mit Verfolgungswahn und Vorstellungen vom Auserwähltsein, unterstützten zeitweise seinen Mythos der Besonderheit« (Yalom, Liebe, 299). Schließlich beging Hemingway Suizid. Es ist paradox, dass mancher Suizid gerade aus der Angst vor dem Tod vollzogen wird. Das ist auch in Bezug auf die aktive Sterbehilfe zu bedenken. Es ist letztlich Angst vor dem Tod, vor dem, was nicht in unserer Macht steht. Yalom meint, ein Suizid »erlaubt uns, das zu kontrollieren, was uns kontrolliert« (Yalom, Liebe, 300).

Die zweite Weise, vor der Todesangst zu fliehen, ist die Vorstellung von einem letzten Retter. Das kann ein spiritueller Guru sein, mit dem man verschmelzen möchte. Das kann auch der Psychotherapeut sein, mit dem man sich ganz eins fühlt. Doch das ist nur eine Scheinlösung. Yalom hat auch das am eigenen Leib erfahren. Einer Frau, die zu ihm in die Therapie kam und offensichtlich das Zusammensein mit ihm genoss, sagte er, dass er in sechs Monaten die Therapie mit ihr beenden werde. Zunächst versuchte sie, ihn zu erpressen, ihm mit Suizid zu drohen. Doch er blieb hart. Das war der Beginn einer wirklichen Verwandlung dieser Frau. Er schreibt dazu: »In der Therapie wie im Leben gibt es ein unausweichliches Substrat einsamer Arbeit und einsamer Existenz« (Yalom, Liebe, 314).

Wenn wir die Gedanken von Yalom auf unsere Situation heute beziehen, dann erkennen wir, dass wir immer wieder von Neuem mit unserer Todesangst konfrontiert werden.

Anselm Grün

Wir können ihr nicht ausweichen. Wir müssen uns ihr stellen. Dann wird sich unser Leben wandeln, dann werden wir erst das Potenzial entdecken, das in unserem Leben steckt. Yalom fasst das in den Rat: »Zähle deine Segnungen!« Angesichts des Todes erkennen wir, was Leben im Augenblick ist, was Leben angesichts unserer Begrenztheit und unserer Verletzlichkeit ist. Dann kann geschehen, was Nietzsche meinte, wenn er schreibt, dass wir aus solchen Abgründen wie der Todesangst herauskommen: »neugeboren, gehäutet, kitzliger, boshafter, mit einem feineren Geschmack für die Freude, mit einer zarteren Zunge für alle guten Dinge« (zit. bei Yalom, Liebe, 326).

Im Gegensatz zur Mentalität des »Homo faber« zeigen die Kirchenväter eine andere Haltung zum Leiden und zum Sterben. So schreibt Gregor von Nazianz, der sein Leben lang unter Krankheiten litt, an einen Freund: »Ich leide unter meiner Krankheit und bin glücklich, nicht, weil ich leide, sondern weil ich den anderen ein Lehrer der Geduld bin. Da ich nun schon nicht ohne Leiden sein kann, gewinne ich wenigstens Folgendes durch das Leiden, (nämlich), es zu ertragen und Dank zu sagen, wie in den Freuden, so auch bei Schmerzen, da ich sicher bin, dass bei dem (ewigen) Logos nichts, was uns betrifft, unlogisch ist, auch wenn es uns so scheint« (Dörnemann, 222). Diese Haltung gilt auch dem Sterben gegenüber. Die Einsicht, dass nichts unlogisch ist, auch das Sterben nicht, lässt uns auch das annehmen als einen Prozess des Loslassens und Freiwerdens vom eigenen Ego, um sich ganz und gar Gottes Liebe zu überlassen.

Der Versuch, den Anfang und das Ende des menschlichen Lebens zu kontrollieren, prägt das Leben vieler Menschen. Sie spüren in sich generell die Tendenz, alles kontrollieren zu wollen: ihre Gefühle, ihre Begegnungen mit anderen, aus Angst, sie könnten verletzt werden oder es würden Themen angesprochen, die ihnen unangenehm sind. Doch ein solches Verhalten führt zu Isolation. Manchmal wird diese Tendenz sogar zum Kontrollzwang. Letztlich steckt dahinter jedoch die Angst vor dem Leben. Das Leben lässt sich nicht kontrollieren. Es ist unberechenbar.

»Wer alles kontrollieren will, dem gerät das Leben außer Kontrolle«, sagt man. Wer seine Gefühle in Schach halten will, damit er nicht zu emotional reagiert, wird sehr wahrscheinlich irgendwann die Kontrolle über sich verlieren. In einem Gespräch, bei dem er es nicht hat kommen sehen, wird er so berührt sein, dass er schließlich seinen Emotionen freien Lauf lässt.

Für mich ist es unangenehm, wenn ich in Unternehmen Menschen begegne, die alles kontrollieren wollen, sich selbst und ihre Emotionen. Sie wollen sich keine Blöße geben. Doch dann begegne ich keinem Menschen, sondern nur Marionetten. Eine Begegnung, die mich erfüllt, gelingt nur in einem Raum mit Menschen, die sich einfach auf das Gespräch und die Begegnung einlassen.

Anselm Grün

# Vom Menschen als Macher zum machbaren Menschen

Die modernen Wissenschaften, wie die Neurowissenschaft, die Gehirnforschung, die Biotechnologie, haben Möglichkeiten geschaffen, den Menschen nicht nur zu verstehen, sondern ihn auch zu verändern. In gewisser Weise ist die moderne Gen- und Stammzellenforschung dabei, den Menschen zu »machen«, ihn nach eigenen Vorstellungen zu gestalten. Der evangelische Theologe Ulrich H. J. Körtner bezieht sich auf den Roman von Max Frisch und spricht davon, dass sich der Mensch »vom Homo faber zum Homo fabricatus« entwickelt habe (Körtner, 115). Das hat eine heftige Diskussion zwischen den Naturwissenschaften, der Theologie und der Philosophie hervorgerufen. Entspricht der machbare Mensch noch dem biblischen Bild von Gott als dem Schöpfer des Menschen? Macht der Mensch sich zum Schöpfer seiner selbst? Und was sagt die Theologie, was sagt die Ethik dazu?

Der Philosoph Peter Sloterdijk spricht im Anschluss an einen Aufsatz von Karl Rahner aus dem Jahr 1966, »Theologisches über die Selbstmanipulation des Menschen«, vom »operablen Menschen« und von der »Koproduktion«, die der Mensch heute bei der Entstehung des Menschen leistet. Er kritisiert die »antitechnologische Hysterie«, sie sei »ein Verwesungsprodukt der Metaphysik« (Mieth, 141). Rahners Aufsatz ist aus der Euphorie nach dem Zweiten Vatikanischen Konzil entstanden. Er steckt voller Optimismus und ist zugleich Kritik am damaligen Verbot der Kirche in Bezug auf die Geburtenregelung. Rahner spricht davon, dass der Mensch schon immer sich selbst gestaltet und »der sich selber Tuende« (Mieth, 145) ist. Er meint, man solle nicht vor der Tatsache erschrecken, dass der Mensch operabel sei. Allerdings warnt Rahner auch vor der Selbstzerstörung, die bei dem Projekt des machbaren Menschen möglich ist. Zudem dürfe das Machbare nicht am Wesen des Menschen vorbeigehen. Er mahnt vor irreparablen Folgen: »Die Selbstmanipulation der Menschheit darf nicht gedacht werden nach dem Modell eines Experimentes in einem begrenzten Labor, in dem man meist die isolierten Prozesse vor- und rückwärtslaufen lassen kann« (Mieth, 148, Rahner, 62). Rahner erinnert daran, dass die Selbstmanipulation immer »unter dem Gesetz des Todes und so auch des Unverfügbaren und Unmanipulierbaren« bleibt (Mieth, 151, Rahner, 66).

Ich möchte nur einige Felder der Selbstmanipulation oder der Selbstoptimierung beschreiben, die vor allem im Bereich der Gehirnforschung, der Stammzellenforschung, der Neurowissenschaft und Biochemie propagiert werden.

Zunächst wäre da das sogenannte kognitive Enhancement zu nennen. Unter »Enhancement« versteht man die Steigerung von Möglichkeiten. In der Biomedizin bezeichnet der

Begriff »Eingriffe, die die menschliche Gestalt oder Funktionsweise verbessern sollen, aber keine anerkannten medizinischen Bedürfnisse befriedigen« (Juengst, 28). Es geht also um Selbstverbesserung, zum Beispiel auf dem Gebiet der Steigerung der Leistungsfähigkeit. Man kann durch die Einnahme von Tabletten die eigene geistige Leistungsfähigkeit steigern und dadurch schneller zum beruflichen und schulischen Erfolg gelangen. Beliebt ist die Einnahme solcher Tabletten vor Prüfungen, um die Konzentrationsfähigkeit zu erhöhen. »Vielfältige Anzeichen sprechen dafür, dass in den letzten Jahren in zunehmenden Maß psychoaktive Substanzen an Schulen, Universitäten und am Arbeitsplatz von gesunden Personen eingenommen werden um eine Verbesserung der geistigen Leistungsfähigkeit zu erzielen« (Hildt, 57). Zum einen können dabei jedoch negative Nebenwirkungen auftreten. Zum anderen ist die Gefahr der Abhängigkeit groß. Doch selbst wenn Medikamente entwickelt würden, die keine Nebenwirkungen haben, können psychoaktive Substanzen zwar kurzfristig dem Menschen zu höherer Leistung verhelfen, sie verbessern aber nicht das Leben an sich. Der Philosoph und Bioethiker Roland Kipke führt hier keine moralischen Argumente ins Feld, für ihn ist das Kriterium des guten Lebens entscheidend. Ein gutes Leben braucht Selbsterkenntnis, Selbstverwirklichung und Selbstwirksamkeit. Doch das wird durch die Einnahme von Tabletten nicht gefördert.

Ein anderes Gebiet ist die Gehirnforschung. Durch Tiefe Hirnstimulation (THS) wird das Gefühlsleben verändert, was zum Beispiel erfolgreich bei Parkinson-Erkrankungen angewendet wird. Doch da man kurzfristig auch eine Änderung der Gefühle feststellen konnte, wird diese Methode ebenfalls angewandt, um Ängste, Zwangsgedanken und Depressionen zu behandeln. Die Ergebnisse sind noch nicht eindeutig positiv, denn es kann durchaus passieren, dass Ängste und Trauer verstärkt statt abgemildert werden. Die Tendenz, die dahintersteht, könnte für manche zur Versuchung werden, nämlich durch THS nur positive Gefühle in sich hervorzurufen. Damit wird das Gefühlsleben manipuliert. Gefühle wie Freude und Trauer, Ärger und Zufriedenheit gehören zum Menschen. Sie sind die Reaktion auf Begegnungen und Erlebnisse. Wenn Gefühle künstlich erzeugt werden, wird ein Mensch herangezüchtet, der immer nur lächelt. Doch wir können nur seine Maske wahrnehmen, ihm aber nicht als lebendigem Menschen begegnen.

Ein weiterer Bereich ist die Stammzellenforschung. Das Material zu diesem Forschungszweig stammt aus zwei verschiedenen Quellen: einmal embryonalen Stammzellen aus einem frühen Entwicklungsstadium eines Embryos. Doch die Gewinnung dieser Zellen ist ethisch sehr fragwürdig. Auf der anderen Seite Stammzellen, die erwachsenen Menschen entnommen werden. Die Humanmedizin verspricht sich davon »völlig neue Möglichkeiten zur Erforschung menschlicher Krankheiten« (Nordheim, 49). Die Arbeit mit embryonalen Stammzellen kann durchaus dabei helfen, Krankheiten zu heilen. Aber sie birgt auch die Gefahr in sich, den Menschen so zu formen, wie man ihn gerade haben möchte, zum Beispiel mit starken Muskeln und kleinem Gehirn oder umgekehrt. Da ist die Tendenz zum »machbaren Menschen« deutlich spürbar.

Anselm Grün

Es geht nicht darum, Forschungen zu verbieten oder sie mit einem negativen Etikett zu versehen. Doch wir sollten uns bei all unserem Tun immer fragen, ob wir dem Menschen dienen oder ob wir der Gefahr der Machbarkeit erliegen und uns den Menschen so formen wollen, wie es unseren Vorstellungen entspricht. Dann ist er nicht mehr Bild und Gleichnis Gottes, sondern er wird nach den Bildern geformt, die wir selbst entwickelt haben und ihm überstülpen wollen. Die Frage ist, ob diese Bilder dem wahren Bild des Menschen entsprechen oder ob sie ihn nicht vielmehr in eine Richtung verändern, die ihm und der ganzen Menschheit letztlich schaden.

# Grenzüberschreitung statt Entgrenzung

Die Corona-Krise hat uns mitten in unserer globalisierten Welt wieder unsere Grenzen aufgezeigt. Vorher schienen nahezu alle Grenzen aufgehoben. Der Warenverkehr funktioniert über Länder und Kontinente hinweg, Unternehmen beziehen ihre Rohstoffe und vorgefertigten Teile aus der ganzen Welt. Menschen und Güter reisen um den Globus. Das führte nicht selten dazu, dass in einigen Ländern die Infrastruktur, also das Straßennetz, das Schienennetz, der Flugverkehr, überlastet waren und man sich bemühte, all diese Transportwege weiter auszubauen. Die Corona-Krise hat uns die Schattenseiten der Globalisierung aufgezeigt. Wenn irgendwo auf der Welt die Produktion stillsteht, kann in vielen anderen Ländern nicht weitergearbeitet werden, weil bestimmte Teile oder Grundstoffe fehlen.

Die Pandemie hat aber auch die Verwundbarkeit menschlichen Seins sichtbar werden lassen, die durch die Globalisierung eher noch größer als kleiner geworden ist. Viren kennen keine Grenzen. Und daher hat es auch wenig genutzt, die Ländergrenze zu schließen oder den Reiseverkehr einzuschränken. Zumindest sind aber so die Infektionszahlen in diesem Bereich nicht weiter gestiegen.

Durch die Pandemie verloren viele Menschen ihre Arbeit und standen von heute auf Morgen ohne Verdienst da. Zwar gab es großangelegte Hilfsprogramme, um die vielen Bereiche, die durch den Lockdown stillstanden, zu subventionieren. Aber alle diese Hilfen reichten nicht aus. Der Kulturbetrieb stand still. Und nicht nur bei den Künstlern hat sich die Krise negativ auf die Psyche ausgewirkt. Mehr Menschen als sonst litten an Depression. Die seelischen Schäden der Kinder lassen sich im echten Ausmaß noch gar nicht erfassen. Doch Psychologen äußern die Angst, dass Kinder und Jugendliche dauerhaft beeinträchtigt wurden. Die Untätigkeit, der Mangel an Begegnung mit anderen Kindern, die fehlende Bewegung, all das hat sich negativ auf die Psyche der Kinder und Jugendlichen ausgewirkt. Gleichzeitig wuchs ihre Zukunftsangst. Mit Angst kann man die Zukunft aber nicht gestalten. Da braucht es die Hoffnung. Doch die ist für viele Menschen durch die Krise zerbrochen.

Die Corona-Krise hat uns nicht nur die Grenzen aufgezeigt, die uns im Umgang mit der Natur und in unserem Wirtschaften vorgegeben sind. Sie hat auch auf eine Gefahr aufmerksam gemacht, die sich in den letzten Jahren im Selbstbild des Menschen immer mehr gezeigt hat. Es ist das Bild des entgrenzten Menschen. Vor der Corona-Krise wurde in manchen Medien ein Bild des Menschen vorgestellt, der keine Grenzen kennt, der alles, was er will, auch tun kann.

Der Psychoanalytiker Rainer Funke hat sich mit dem Phänomen des entgrenzten Menschen auseinandergesetzt. Er folgt darin seinem Lehrer Erich Fromm, dessen Nachlass er verwaltet.

Erich Fromm war Sozialpsychologe. Rainer Funke betrachtet daher ähnlich wie Erich Fromm die Auswirkung der Entgrenzung, die die Gesellschaft prägt, auf die Psyche des Menschen. Der entgrenzte Mensch will seine Wirklichkeit neu erschaffen. Er möchte absolute Freiheit von allen Normen und Einengungen, von aller Verbindlichkeit und Begrenzung. Die Verbindlichkeit ersetzt er durch Kontakte. Lose Kontakte sind noch keine Begegnung. Denn Begegnung führt immer auch zur Selbstbegegnung und zur Verwandlung. Doch bei äußerlichen Kontakten bleibe ich derselbe. Da wandelt sich in mir nichts. »Auf diese Weise lässt sich ein Verbundensein mit dem anderen herstellen und wahrnehmen, ohne dass mit einem solchen Verbundensein eine Verbindlichkeit oder ein gefühltes Angewiesensein einhergeht« (Funke, 118). Die Abhängigkeit von seinen Emotionen will er aufheben, indem er Gefühle inszeniert, anstatt sich seinen eigenen zu stellen. Er wählt sich die Welten aus, in denen er Gefühle spüren kann, die aber mit seiner »eigenen gefühlten Befindlichkeit nichts zu tun haben« (Funke, 125). Negative Gefühle wie »Gefühle von Schwäche, Ohnmacht, Wertlosigkeit, Versagen, Angst, Schuld, Scham« sind für ihn bedrohlich, sodass der entgrenzte Mensch sie in ihr Gegenteil verkehren muss. »Aus der Angst wird dann der Kitzel des Bedrohlichen und die Lust am Thrill, aus dem Schuldgefühl wird der ewige Besserwisser, Rechthaber und Perfektionist, und statt sich vor

Scham die Augen zu verdecken, weidet man sich am Schamlosen und gibt sich unverschämt offen« (Funke, 129). Doch da er nicht immer in seiner selbst gemachten Gefühlswelt leben kann, reagiert er oft mit »Langeweile und Antriebslosigkeit, die sich umso quälender einzustellen drohen, je mehr man bei inszenierten Gefühlswelten auf Kosten eigener Gefühle und Strebungen Zuflucht nimmt« (Funke, 130).

Zudem möchte sich der entgrenzte Mensch freimachen von jedem Pflichtgefühl und von Schuldgefühlen, weil er die Normen des eigenen Über-Ichs nicht eingehalten hat. Doch die Beseitigung des Wertesystems, dem er bisher gefolgt ist, »verunsichert und macht desorientiert, nötigt einen zu verzweifelten Suchbewegungen und führt nur zu oft zu scheiternden Experimenten« (Funke, 132). Entwertung seines Selbst und Desillusionierung sind die Folge. Daraus resultiert die Gefahr, »sich die fehlende Sicherheit und Orientierung, vor allem aber die ausbleibende Wertschätzung durch andere sowie das fehlende Selbstwerterleben selbst zu besorgen mit potenziell abhängig machenden Belohnungsmöglichkeiten wie Alkohol, Medikamenten, Drogen und exzessivem Verhalten« (Funke, 133).

Funke ist überzeugt, dass der entgrenzte Mensch, der sich seine eigene Gefühlswelt und Freiheit schafft, wichtige Aspekte seines Menschseins ausblendet. Zwar kann das Ausblenden der eigenen Angst und Ohnmacht zunächst zu einem selbstbewussteren Leben führen. Doch es hat immer auch negative Folgen. Es schadet der seelischen und der körperlichen Gesundheit. Der entgrenzte Mensch blendet zum Beispiel auch jeden Selbstzweifel aus, was dazu führt, dass er jede Kritik von außen sofort als Bedrohung erlebt. Die nach außen gezeigte Sicherheit verdeckt also nur die darunterliegende Angst. Häufig sind es dann auch irrationale Ängste, die hier hochkommen und in Situationen auftreten, die normalerweise nicht angstbesetzt sind. Dann spricht man von Panikattacken.

Die Bindungslosigkeit, die der entgrenzte Mensch in Kauf nimmt, führt oft dazu, dass er sich isoliert fühlt. »Das Isolierungserleben ist lebensbedrohlich und mobilisiert eine tiefe Angst und Überlebensaggression« (Funke, 170). Das wiederum führt dazu, dass er die virtuelle Welt immer mehr braucht. Er wird davon abhängig. Und die Gefahr besteht, dass er gewalttätig wird. »Das Gewaltpotenzial korreliert dabei mit dem Ausmaß der Bedrohung und Angst, sich isoliert und verloren zu erleben« (Funke, 171).

Der entgrenzte Mensch verliert drei wichtige Fähigkeiten, die zu einem reifen Menschsein gehören: die Prüfung der eigenen Ansichten und des eigenen Erlebens an der Realität, die Fähigkeit, Ambivalenzen auszuhalten, und die Frustrationstoleranz. Wir nehmen in unserer Gesellschaft gerade als Reaktion auf die Corona-Krise den Mangel an allen drei Fähigkeiten wahr: Viele stellen sich nicht mehr der Realität – noch auf der Intensivstation leugnen manche, an Corona erkrankt zu sein; viele nehmen nur noch Schwarz und Weiß wahr, teilen Meinungen und Fakten in gut und böse, richtig oder falsch ein, weil sie das Nebeneinander verschiedener Ansichten und Betrachtungsweisen nicht aushalten können; und dass die Frustrationstoleranz sinkt, erlebt man häufig schon beim Einkauf – man denke an den

jungen Mann, der in der Tankstelle erschossen wurde, weil
er auf die Maskenpflicht hingewiesen hatte. Man wird gewalttätig, wenn einem Gewohnheiten genommen werden,
die man für seine selbst erschaffene Wirklichkeit braucht.
Man kann nicht warten, bis die eigenen Wünsche erfüllt
werden. Man setzt die unter Druck, die einem die Erfüllung
der eigenen Bedürfnisse verweigern, und beschimpft sie
oder versucht, ihnen Schuldgefühle einzureden.

Gegenüber dieser Entgrenzungstendenz sollten wir einen
guten Umgang mit Grenzen lernen. Dazu gehört das Gespür, wo wir Grenzen unbedingt akzeptieren sollten und
wo wir sie auch überschreiten dürfen. Grenzüberschreitung akzeptiert die Grenzen, die sie hinter sich lässt. Die
Entgrenzung beseitigt dagegen die Grenzen. Doch das
wird dem Menschen und der Welt, in der wir leben, nicht
gerecht. Es gibt kein Leben ohne Grenzen, ohne sie ist kein
Zusammenleben möglich. Und doch gilt auch die These:
»Alles Leben ist Grenzüberschreitung« (Funke, 191). Die
Kultur und Zivilisation, die Technik und die Wissenschaft
leben davon, dass sie immer wieder Grenzen überschreiten. Aber zugleich akzeptieren sie diese. Auch die Religion
ist letztlich eine Grenzüberschreitung. Wir überschreiten
die rein menschlichen Grenzen und öffnen uns der Trans-
zendenz. Wir übersteigen uns selbst. Aber auch in diesem
Übersteigen respektieren wir die Grenze unseres Menschseins. Wir sind nicht Gott und spielen auch nicht Gott. Wir
erschaffen uns nicht selbst, sondern wir übersteigen uns
auf Gott hin.

Anselm Grün

# Demut und Hoffnung als angemessene Haltungen des Menschen

Manche meinen, nach der Pandemie, nach der Aufhebung aller Einschränkungen solle es weitergehen wie bisher. Doch dann hätten wir nichts daraus gelernt. Eine Krisenzeit ist eine Herausforderung, umzudenken und darüber nachzudenken, wie wir danach weiterleben und weiter wirtschaften wollen. Vor allem zwei Haltungen sollten wir uns aneignen, damit wir diese Zeit gut bewältigen und unserem Menschsein gerecht werden können. Es sind die Haltungen der Demut und der Hoffnung.

Demut ist der Mut, die eigene Erdhaftigkeit anzunehmen. Das lateinische Wort für Demut – *humilitas* – kommt von *humus*, Erde. Wir sollen die Erde ernst nehmen und mit beiden Füßen auf der Erde stehen. Das bedeutet aber, dass wir unsere Begrenztheit annehmen. Wir können nicht alles, was wir wollen. Die Erde zeigt uns unsere Ohnmacht bei Überschwemmungen, Feuerbrünsten, Wirbelstürmen, Heuschreckenplagen, Tsunamis, Erdbeben und Vulkanausbrüchen. Zur Demut gehört es, unsere eigene Hilflosigkeit ernst zu nehmen, diese Katastrophen in den Griff zu bekommen. In dem Roman »Homo faber« sagt Hanna zu Walter, die Technik sei der »Kniff, die Welt als Widerstand aus der Welt zu schaffen«. Doch das ist der Technik nicht gelungen. Sie kann Naturkatastrophen nicht verhindern und schafft selbst neue Katastrophen, wie der brüchige Atomreaktor in Tschernobyl oder die durch den Tsunami geschädigten Atomkraftwerke in Japan gezeigt haben.

Demut heißt auch, dass ich meine eigene Sterblichkeit annehme. Wir können den Tod nicht besiegen. Er meldet sich zu Wort in den Krankheiten, die wir nicht in den Griff bekommen, und gegen die »kein Kraut gewachsen« ist. Die Corona-Krise hat uns mit den vielen Toten in beinahe allen Ländern daran erinnert, dass der Tod auch für uns immer nahe ist. Wir müssen in jedem Augenblick damit rechnen. »Memento mori« – »Gedenke, dass du sterben wirst«, so haben sich die Menschen im Mittelalter zugerufen. Sie haben sogar eine eigene *ars moriendi*, eine »Kunst zu sterben« entwickelt, die zugleich eine Kunst war, gut zu leben. Die Pandemie hat uns die Möglichkeit genommen, den Tod zu verdrängen. Allzu deutlich hat er sich überall zu Wort gemeldet.

Demut hat aber noch eine andere Bedeutung. Demut ist der Mut, in die Tiefen der eigenen Seele hinabzusteigen. Dort begegne ich all dem, was ich verdrängt habe, weil es meinem Selbstbild widerspricht. C. G. Jung spricht vom »Schatten«, den wir in aller Demut annehmen sollen. Der Schatten ist der Bereich der menschlichen Seele, in den wir alles verdrängt haben, was unserem bewussten Selbstbild widerspricht. Jung geht davon aus, dass wir immer zwei Pole in uns haben: Liebe und Aggression, Vertrauen und Angst, Stärken und Schwächen. Wenn wir einen Pol nicht annehmen, gerät er in den Schatten. Je mehr wir den Schatten verdrängen, desto intensiver meldet er sich auf destruktive Weise zu Wort. Jung meint, dass der Mensch Angst hat vor dem eigenen Schatten. Er spricht in diesem Zusammenhang von den »Mächten der Unterwelt«. Die Religion war nach der Ansicht Jungs seit jeher eine Hilfe, sich dem eigenen Schatten zu stellen. Jung meint im Blick auf das Nazideutschland, dass da in einem ganzen Volk ein Ausbruch des Unbewussten stattgefunden hat, der das Denken vieler Menschen verdunkelt hat. Sie haben gar nicht gemerkt, wie sie von dem, was sie jahrelang verdrängt hatten, heimgesucht und beherrscht wurden. Die Religion hat die Bedeutung, all das Dunkle in der menschlichen Seele anzuschauen und es Gott hinzuhalten, damit es von Gottes Licht erhellt wird.

Wir erkennen heute, dass das irrationale Unbewusste neue Macht bekommt. Das kann man zum Beispiel an Verschwörungstheorien beobachten, die völlig irrational sind, an die die Menschen aber glauben (wollen), ohne sie zu hinterfragen. Gegen irrationale Kräfte kann man nicht mit rationalen Argumenten angehen. Da hilft nur, zu fragen, welche unbewussten Kräfte dahinterstecken. Vielleicht sind es verdrängte Ängste oder aber die verdrängte Ohnmacht und Hilflosigkeit. Nur wenn wir hinter die Theorien schauen und ohne die Meinungen zu bewerten auf die Menschen hören, die sich hinter Verschwörungstheorien verstecken, kann ein Gespräch entstehen über das, worum es eigentlich geht. Dann wird man auf die unbewussten Voraussetzungen dieser Meinungen stoßen. Für Jung war die Religion in der Geschichte der Menschheit immer der Ort, an dem sich die Menschen den unbewussten Kräften stellten und sie durch Rituale und Symbole ins Bewusstsein hoben und verwandelten.

Die andere Haltung, die wir durch die Krise lernen sollen, ist die Hoffnung. Hoffnung ist nicht die Erwartung, dass alles wieder gut, dass alles wieder wie früher wird. Erwartung zielt auf konkrete Dinge – Wohlstand, Erfolg, Besitz. Die Hoffnung eröffnet die Zukunft und verjüngt den Menschen. Josef Pieper übersetzt Jesaja 40,31 auf dem Hintergrund seines Hoffnungsverständnisses so: »Die auf den Herrn hoffen, werden eine neue Tapferkeit gewinnen. Es werden ihnen Schwingen wachsen gleich den Adlern. Sie werden laufen: unangestrengt. Sie werden wandern: unermüdbar« (Pieper, 47). Die Pandemie hat vielen Menschen die Hoffnung geraubt. Umso wichtiger ist es, dass wir die Hoffnung als Tugend einüben, die uns wieder eine Zukunft ermöglicht. Wir brauchen die Hoffnung, von der der griechische Philosoph Heraklit sagt: »Wer aber das Unverhoffte nicht erhofft, wird es nicht finden.«

Damit wir mit der christlichen Haltung der Hoffnung in Berührung kommen, können uns die Gedanken von Gabriel Marcel hilfreich sein. Der französische Existenzphilosoph hat auf dem Hintergrund seines christlichen Glaubens eine Philosophie der Hoffnung entworfen. Auch er unterscheidet zwischen Hoffnung und Erwartung. Die

Anselm Grün

Erwartung hat eine ganz bestimmte Vorstellung von dem, was eintreten soll und kann daher enttäuscht werden. Doch die Hoffnung kann nicht enttäuscht werden, denn sie bindet sich nicht an konkrete Vorstellungen. Zudem übersteigt die Hoffnung alle logischen Gründe, aber auch die Gegenargumente der Hoffnung. Sie zielt letztlich immer darauf, dass wir Menschen, die wir uns gefangen fühlen, auf Licht und Freiheit hoffen, dass wir in unserem Innern hell werden und frei. Die wahre Hoffnung gilt nicht einem bestimmten Ereignis, das kommen soll, sondern dem Neuwerden der eigenen Existenz und des Lebens insgesamt. Hoffen heißt nicht, sich bestimmte Vorstellungen vom Leben zu machen. Wer sich das Leben zu konkret ausmalt, der lebt ständig in der Angst, dass das doch nicht gelingt. Die Hoffnung übersteigt alle konkreten Vorstellungen. Hoffnung ist die Haltung eines Menschen, »der keine Bedingung stellt, keine Grenze setzt, sich einem absoluten Vertrauen überlässt und eben dadurch jede mögliche Enttäuschung überwindet und eine Sicherheit des Seins oder im Sein erfährt, die der grundlegenden Unsicherheit des Habens entgegensteht« (Marcel, 55). Hoffen gehört zur Ebene des Seins und nicht des Habens. Marcel meint, die Haltung des Habens verhindere die Hoffnung. Nur der, der sich von den Ketten des Besitzes in jeder Form befreit hat, ist imstande, »die göttliche Leichtigkeit eines Lebens in der Hoffnung zu erfahren« (Marcel, 78). Wer alles haben will, wer sein Leben in der Hand haben will, der verliert es. Wer sich auf das Sein einlässt, der hat auch Teil an der Hoffnung und der gewinnt sein Leben.

Unsere Zeit ist nicht von Hoffnung geprägt. Sowohl die sozialistischen wie die kapitalistischen Hoffnungen auf eine bessere Welt sind zerbrochen. Der Sozialismus wurde zur Tyrannei einer Minderheit, der Kapitalismus zur Tyrannei des Geldes. Die Pandemie hat vielen Menschen die Hoffnung auf eine gute Zukunft geraubt. Umso mehr brauchen wir eine neue Hoffnung. Diese kann innerweltlich sein, sie kann aber auch diese Welt übersteigen.

Der atheistische Philosoph Ernst Bloch hat in seinem Buch »Prinzip Hoffnung« diese als eine Kraft beschrieben, die in alle Wirklichkeit hineingewoben ist, und als eine Energie, die unsere Welt verwandelt. Wertvoll ist für Bloch nur das menschliche Tun, das von Hoffnung durchdrungen ist und Hoffnung vermittelt. Ein guter Architekt ist einer, dessen Werke »gebaute Hoffnung« sind: Hoffnung auf Sicherheit, auf Geborgenheit, auf Schönheit und letztlich Hoffnung auf Heimat. Alle Hoffnung zielt bei Bloch letztlich auf Heimat. Dabei versteht er Heimat nicht als etwas Vergangenes, sondern als das, was uns erwartet. Wenn wir die Gedanken von Bloch ernst nehmen, dann sind wir verantwortlich für die Zukunft dieser Welt. Wir sind verantwortlich, ob von uns Hoffnung ausstrahlt oder Hoffnungslosigkeit.

Die frühen Christen haben offensichtlich in ihrer Gesellschaft, die ähnlich wie die unsere eher von Hoffnungslosigkeit geprägt war, Hoffnung ausgestrahlt. Sie wurden immer wieder nach der Hoffnung gefragt, die sie bewegt. Der 1. Petrusbrief mahnt die Christen, sie sollten stets bereit sein, »jedem Rede und Antwort zu stehen, der nach der Hoffnung fragt, die euch erfüllt« (1 Petrus 3,15). Die Hoff-

nung der Christen geht über diese Welt hinaus. Im Titus-
brief wird deutlich, dass sie ihren Grund im Erscheinen der
Güte und Menschenfreundlichkeit Gottes in Jesus Christus
hat. In ihm ist uns Gottes Gnade erschienen, die uns er-
zieht, gerecht in dieser Welt zu leben, »während wir auf die
selige Erfüllung unserer Hoffnung warten, auf das Erscheinen der Herrlichkeit unseres großen Gottes und Retters
Christus Jesus« (Titus 2,12f). Gerade wenn unsere Hoffnung diese Welt übersteigt, können wir auch in der Welt
so leben und so darin wirken, dass wir anderen Menschen
Hoffnung vermitteln.

Dann hat sie sogar revolutionäre Kraft. Das hat der Traum
Martin Luther Kings gezeigt, der wesentlich dazu beige-
tragen hat, die sogenannte Rassentrennung in den USA zu
überwinden. Und das wird auch sichtbar am katholischen
Bischof Dom Helder Camara, der sich für die Gerechtig-
keit in der lateinamerikanischen Gesellschaft einsetzte.
Von ihm stammt der berühmte Satz: »Wenn einer alleine
träumt, bleibt es nur ein Traum. Wenn viele miteinander
träumen, ist es der Beginn einer neuen Wirklichkeit.« Unsere Aufgabe als Christen in diesen schwierigen Zeiten ist es,
von einer besseren Welt zu träumen. Wir haben die Kraft
dazu, weil wir nicht darauf fixiert sind, dass unsere Hoffnung hier und jetzt erfüllt werden muss. Sie geht über diese
Welt hinaus. Und gerade deshalb hat sie die Kraft in sich,
diese Welt zu gestalten und sie menschlicher, barmherziger
und hoffnungsvoller werden zu lassen.

Die Hoffnung verschließt nicht die Augen vor der Realität. Sie sieht die Dinge, wie sie sind. Und doch vertraut sie

darauf, dass es Wege gibt, mit der neuen Situation in der Welt und all den auf uns einstürmenden Problemen umzugehen, dass wir nicht in Passivität und Depression versinken, sondern überlegen, wie wir darauf reagieren können. Da ist einmal der »Homo faber« durchaus gefragt, Ideen zu entwickeln, was wir tun können, um mit der Begrenztheit unseres Lebens umzugehen, nach Lösungen zu suchen, wie wir die Umwelt schützen und dadurch eine Erwärmung des Klimas verhindern können. Und danach zu forschen, wie wir in Zukunft mit den Viren umgehen, die eine bleibende Herausforderung für die globalisierte Gesellschaft darstellen.

Aber es ist auch der Gegentypus des »Homo faber« gefragt: der kontemplative Mensch. Er betrachtet die Welt, wie sie ist. Aber in allem erkennt er auch Gottes Geist. Die ganze Welt ist nicht einfach von Zufall und Chaos bestimmt, sondern sie ist in der Hand Gottes, auch wenn diese zuweilen abwesend scheint oder nicht sichtbar wird. Der hoffende Mensch vertraut darauf, dass Gott uns eine Welt geschenkt hat, die einen Sinn hat. Oder, wie Clemens von Alexandrien sagt, dass der Logos eine Welt geschaffen hat, in der alles logisch ist, in der wir mit unserer Vernunft die tieferen Zusammenhänge entdecken können.

Wer von Hoffnung geprägt ist, wird fähig, einen einfachen Lebensstil zu pflegen. Denn weil seine Hoffnung über diese Welt hinaus geht, muss er nicht in dieser alle seine Wünsche erfüllen. So kann er einfacher leben, ohne dass sein Leben an Freude, Lebendigkeit und Fülle verliert. Im Gegenteil, er wird fähig, wirklich Leben zu spüren. Er spürt

Anselm Grün

die Fülle des Lebens in einem einfachen Spaziergang in der Natur. Er muss nicht jedes Jahr möglichst weit reisen, um etwas zu erleben. Manche glauben, nur glücklich sein zu können, wenn sie möglichst viel Außergewöhnliches erleben. Doch das Normale, Alltägliche bewusst zu erleben führt auch zu einem intensiven Leben.

# Aussicht

Der Prometheus-Mythos und die biblische Sündenfall-
geschichte erzählen uns von einem ursprünglichen Zustand, in dem alles gut war, in dem der Mensch – so die
Griechen – Freude an der Kunst und Kultur hatte und in
dem er – so die Bibel – glücklich mit anderen lebte und ohne
Mühe den Garten Eden hegte und pflegte. Beide Mythen
berichten dann, wie Krankheiten, Beschwerden, Katastrophen und Unglück die Menschen heimsuchten. Im Prometheus-Mythos war der Grund dafür der Feuerraub und die
Rebellion gegen einen herrschsüchtigen Göttervater Zeus.
Das Feuer galt zugleich als Bild für die Erkenntnis und die
Beherrschbarkeit der Welt. In der Bibel ist das Übertreten
des Gebotes Gottes und das Essen vom Baum der Erkenntnis zwischen Gut und Böse, der diesen ursprünglich paradiesischen Zustand beendet. Es geht also auch um Erkenntnis und zugleich um das Beherrschen der Welt durch die
Vernunft.

Doch beide Versuche, Erkenntnis und Herrschaft zu erlangen, scheiterten. Beide Mythen erklären uns, warum die
Welt so ist, wie sie ist. Ein Mythos ist kein historischer Be-

richt, der eine Tatsache erläutert, sondern eine bildhafte Erzählung, die uns das Geheimnis des gegenwärtigen Lebens deuten will.

Beide Mythen sprechen von der Gefahr, die Welt beherrschen und nur aus der Vernunft heraus alles kontrollieren zu wollen. Es geht darum, dass der Mensch sein Maß erkennt, dass er seine Menschlichkeit akzeptiert, sich nicht wie Gott gebärdet und die Grenzen der Beherrschbarkeit anerkennt. Beide Mythen zeugen von der Spannung des Menschen zwischen einem paradiesischen Zustand einst und der schwierigen Lage heute. Doch beide Mythen sprechen auch unsere Sehnsucht nach dem ursprünglichen Zustand an. Es ist die Sehnsucht, dass wir in dieser Welt immer wieder Zustände herbeiführen können, die dem Leben im Paradies oder im Ursprung entsprechen. Dafür braucht es auch den »Homo faber«. Jedoch einen, der sich nicht von der Welt entfremdet, indem er sie kontrollieren und beherrschen will, sondern ihr dient. Die christliche Theologie hat auf dem Hintergrund der biblischen Geschichte den Menschen die Würde zugesprochen, dass sie an der Schöpfertätigkeit Gottes teilhaben, dass sie im Geiste Gottes diese Welt so formen, dass sie dem Willen Gottes entspricht.

Es geht heute nicht darum, die Errungenschaften der Technik zu dämonisieren oder gar abzulehnen. Sie können durchaus ein Segen sein, wenn sie der Schöpfung Gottes und dem Menschen dienen und wenn sie um die eigenen Grenzen wissen. Die Corona-Krise hat uns deutlich vor Augen geführt, dass wir heute neu lernen müssen, un-

Anselm Grün

sere Grenzen zu akzeptieren, uns von der Illusion der Beherrschbarkeit zu befreien und das Maß zu entdecken, das uns Menschen zusteht. Wenn wir unsere Grenzen akzeptieren, sind wir auch fähig, mit unserer Hoffnung allzu enge Grenzen zu überschreiten und uns gemeinsam eine bessere Zukunft zu ermöglichen.

# Literatur

Michael Dörnemann, *Krankheit und Heilung in der Theologie der frühen Kirchenväter*, Tübingen 2003.

Papst Franziskus, *Enzyklika Laudato si*, Freiburg 2015.

Rainer Funk, *Der entgrenzte Mensch. Warum ein Leben ohne Grenzen nicht frei, sondern abhängig macht*, Gütersloh 2011.

Jürgen Habermas, *Das Gewachsene und das Gemachte*, in: Bettina Schöne-Seifert, Davinia Talbot (Hrsg.), *Enhancement. Die ethische Debatte*, Paderborn 2009, S. 297–304.

Ted Hughes, *Prometheus auf seinem Felsen*, Frankfurt 2002.

Eric T. Juengst, *Was bedeutet Enhancement?*, in: Bettina Schöne-Seifert, Davinia Talbot (Hrsg.), *Enhancement. Die ethische Debatte*, Paderborn 2009, S. 25–45.

Carl Gustav Jung, *Gesammelte Werke, Band 11*, Zürich 1963, S. 355–376.

Karl Kerenyi, *Prometheus. Die menschliche Existenz in griechischer Deutung*, Hamburg 1959.

Max Frisch, *Homo faber*, Frankfurt 1969.

Albert Görres, *Das Böse. Wege zur seiner Bewältigung*, Freiburg 1984.

Alfred Nordheim/Siegfried Alberti, *Zellbiologie mit Stammzellen: aktuelle Entwicklungen*, in: Gebhard Fürst/Dietmar Mieth (Hrsg.), *Entgrenzung des Menschseins? Eine christliche Antwort auf die Perfektionierung des Menschen*, Paderborn 2012, S. 43–56.

Elisabeth Hildt, *Kognitives Enhancement zwischen Selbstgestaltung und Leistungsdruck*, in: Gebhard Fürst/Dietmar Mieth (Hrsg.), *Entgrenzung des Menschseins? Eine christliche Antwort auf die Perfektionierung des Menschen*, Paderborn 2012, S. 57–64.

Roland Kipke, *Neuro-Enhancement und die anthropologisch begründete Kritik an der Selbstverbesserung*, in: Gebhard Fürst/Dietmar Mieth (Hrsg.), *Entgrenzung des Menschseins? Eine christliche Antwort auf die Perfektionierung des Menschen*, Paderborn 2012, S. 65–84.

Gabriel Marcel, *Homo viator. Philosophie der* Hoffnung, Düsseldorf 1949.

Dietmar Mieth, *»Der operable Mensch«. Karl Rahners Beitrag zur Selbstmanipulation des Menschen*, in: Gebhard Fürst/Dietmar Mieth (Hrsg.), *Entgrenzung des Menschseins? Eine christliche Antwort auf die Perfektionierung des Menschen*, Paderborn 2012, S. 141–153.

Ulrich H. J. Körtner, *Der machbare Mensch? Ethische Bewertungen und implizite Menschenbilder aus theologischer Sicht*, in: Peter Böhlemann (Hrsg.), *Der machbare Mensch? Moderne Hirnforschung, biomedizinisches Enhancement und christliches Menschenbild*, Berlin 2010, S. 115–133.

Paul Schölmerich, *Ärztliches Handeln an den Grenzen des Lebens*, in: Harald Wagner (Hrsg.), *Grenzen des Lebens. Wider die Verwilderung von Sterben, Tod und Trauer*, Frankfurt 1991, S. 43–67.

Claudia Traidl-Hoffmann/Katja Trippel, *Überhitzt. Die Folgen des Klimawandels für unsere Gesundheit*, Berlin 2021.

Irvin D. Yalom, *Liebe, Hoffnung, Psychotherapie*, München 2004.

Irvin D. Yalom, *Der Panama-Hut, oder: Was einen guten Therapeuten ausmacht*, München 2010.

ANSGAR STÜFE

# Beherrschen und Begrenzen

## Die entfesselte Wissenschaft

In Würzburg kann man immer noch das Gebäude der alten Universität bewundern. Es wurde Ende des 16. Jahrhunderts unter Bischof Julius Echter errichtet. Über dem Haupteingang ist eines der schönsten Reliefs der damaligen Zeit in Würzburg angebracht. Um Maria herum haben sich die Apostel versammelt. Alle sind in Bewegung und zeigen so, wie erregt sie sind. Der Grund ihrer Aufregung kommt von oben: Feurige Strahlen gehen von einer Taube aus. So wird die Aussendung des Heiligen Geistes an Pfingsten dargestellt. Vor dem Relief kniet auf dem Gesims Bischof Julius Echter selbst. Er ist nicht in lebhafter Haltung, sondern ruhig und besonnen dargestellt. Als Bischof ist er der Träger des Geistes.

Jedem, der die Universität betrat, sollte so klar gemacht werden, woher das Wissen stammt: Es kann nur von Gott kommen, und die Menschen müssen sich darauf einstellen und sich dafür durch das Studium vorbereiten. Thomas von

Aquin sagte es klar: Der Geist setzt die Natur voraus. Ohne Bildung und Begabung des Einzelnen kann kein Wissen erworben werden. In der Universität geht es also darum, begabte Menschen zu bilden, damit sie sich für neue Einsichten öffnen, die vom Geist Gottes geschenkt werden. Damit ist Wissenschaft eingebettet in ein Weltbild. Auch naturwissenschaftliche Erkenntnis ist in den Schöpfungsgedanken integriert. Der Mensch darf alles erforschen, muss aber immer seine Grenzen beachten, die ihm von Gott gesetzt sind.

Läuft man in Würzburg von der Alten Universität aus der Altstadt hinaus in Richtung des Vororts Sanderau, gelangt man bald zu einem viel größeren Gebäude, das im Stil des späten 19. Jahrhunderts erbaut wurde. Bis heute heißt es die Neue Universität. Weit oben auf dem Dach steht eine riesige Figur im typisch pathetischen Stil der Zeit, der Pomp und Selbstbewusstsein ausdrücken soll. In ihren Händen, von denen eine hoch in den Himmel gereckt ist, hält die Figur zwei brennende Fackeln. Es handelt sich um Prometheus, der sich das Feuer selbst holt, ja eigentlich stiehlt. Diese Darstellung ist ein bewusstes Gegenbild zum Relief der Alten Universität. Der Mensch betet nicht mehr geduldig um die Erleuchtung durch das Feuer des Heiligen Geistes, sondern er holt sich selbst das Feuer vom Himmel. Er braucht keinen Gott mehr. Erst dann ist die wahre Erkenntnis möglich, die vorher durch die Einbettung in die Religion nicht zugänglich war. Damit das auch jeder versteht – damals konnten noch alle Studenten Latein –, ist in riesigen, in Bronze gegossenen Lettern unter dem Fries des Gebäudes das Wort Veritati zu lesen. Der Mensch muss sich also wie Prometheus das Feuer selbst holen, wenn er die

Wahrheit entdecken will. Gerade im 19. und beginnenden 20. Jahrhundert war die Universität Würzburg ein Zentrum der Naturwissenschaften. Röntgen entdeckte hier die nach ihm benannten Strahlen.

Die Auftraggeber der Darstellung oder der Künstler selbst haben aber nur einen Teil des Mythos wiedergegeben. Von der Bestrafung des Prometheus, von seinem jahrzehntelangen Leiden und gar von der Büchse der Pandora ist nichts zu sehen. Die Naturwissenschaften waren damals atheistisch eingestellt und betrachteten die Religion als Hindernis für die Wissenschaft. Man glaubte damals tatsächlich, dass allein die Naturwissenschaft die Probleme der Zeit lösen könne. Religiös eingestellte Menschen hielt man für unfähig, Wissenschaft zu betreiben.

Diese Einstellung wurde mir von einem Arztkollegen, der viel älter als ich war, aus seiner eigenen Erfahrung berichtet. Der frühere Chefarzt der Missionsärztlichen Klinik, Dr. Dr. Wegener, erwarb auch einen Doktorgrad im Fach Biologie. Er wollte sich in der Zoologie weiterbilden, weil er es für nützlich hielt, bevor er in den Tropen als Arzt arbeiten würde. Als er seine Arbeit beendet hatte, erfuhr sein Doktorvater, dass er katholisch war und Missionsarzt werden wollte. Er sagte zu ihm: Wenn er gewusst hätte, dass er katholisch sei, hätte er ihm die Arbeit nicht gegeben. Katholiken könnten nicht wissenschaftlich denken.

Diese antireligiöse Haltung vieler Naturwissenschaftler des 19. Jahrhunderts beruhte nicht auf einer persönlichen Abneigung, sondern wurde durch Stellungnahmen der ka-

tholischen Kirche ausdrücklich bestätigt. Freie Meinungs-
äußerung wurde von den Päpsten dieser Zeit verurteilt.
Eigenständiges Denken war innerhalb der katholischen
Kirche nicht gern gesehen. Es wurde ein »kindlicher, ge-
horsamer« Glaube erwartet, weshalb man auch den Katholiken verbot, eine ganze Reihe von Büchern zu lesen. Dazu
gehörten auf Fakten beruhende Geschichtswerke, in denen
die katholische Kirche nicht gut wegkam. Die Ablehnung
der Wissenschaften durch die Kirche bezog sich vor allem
auf die biologischen und Humanwissenschaften. Vehement
wurden die Evolution und die Erkenntnisse der Psychologie zurückgewiesen. Diese Haltung hielt sich bis Mitte des
20. Jahrhunderts – auf beiden Seiten. Es fand zwischen Kirche und modernen Wissenschaften keinerlei Dialog mehr
statt. Die Kirche zog sich in ihre eigene Welt der Glaubens-
grundsätze zurück und wollte die Gläubigen vor der »ver-
derbten Welt« bewahren. Die Wissenschaftler ignorierten
die Kirche und ihre Aussagen vollständig und stellten wissenschaftliche Ziele über jede Ethik oder gesellschaftliche
Schranken.

In der Medizin zeigte sich das besonders deutlich. In Bres-
lau lehrte um die Jahrhundertwende der Dermatologe Albert Neisser. Er wurde berühmt als Entdecker des Erregers
der Gonorrhoe, im Volksmund Tripper genannt. Das Bakterium wird seitdem *Neisseria gonorrhoeae* genannt. Neisser
unternahm viele Forschungen unter anderem zur Behandlung der Syphilis. Um den Effekt einer Anti-Serumbehand-
lung der Syphilis nachzuweisen, infizierte er eine Reihe
von Prostituierten und Kinder, die gerade im Krankenhaus
lagen, ohne sie zu informieren. Das kam an die Öffentlich-

keit und wurde sogar im Reichstag diskutiert. Seine Professorenkollegen verteidigten ihn, die Presse aber griff ihn an. Es kam auch zu einem Gerichtsverfahren. Letztlich bestand die Wissenschaft auf ihrer sogenannten Unabhängigkeit und damit auch auf dem Recht, um ihrer Ziele willen Menschen als Forschungsobjekte zu nutzen.

Das war jedoch auch in anderen Ländern gang und gäbe. So wurden beispielsweise in den USA bis in die 1980er-Jahre medizinische Experimente an Strafgefangenen durchgeführt. Man gab zum Beispiel diesen Gefangenen verschiedene Mengen an Salmonellen in die Nahrung, um herauszufinden, wie viele Bakterien notwendig sind, um eine Krankheit auszulösen und ob die Anzahl der Bakterien die Schwere der Krankheit bestimmt. Und das in einer Zeit, in der es noch keine Behandlungsmöglichkeiten für diese Krankheit gab.

Gerade bei solchen menschenverachtenden Praktiken wäre die Stimme der Kirche nötig gewesen, die denen, die keine Stimme haben, die ihre verleiht. Sie hatte aber damals schon keinen Einfluss mehr in wissenschaftlichen Zirkeln, wie man am Beispiel von Dr. Dr. Wegener sehen kann. Wie in der katholischen Kirche wurden Andersdenkende aus diesen Kreisen ausgeschlossen.

Seit Mitte des 20. Jahrhunderts gehen Wissenschaftler und Theologen jedoch wieder aufeinander zu, was nicht zuletzt auf die entsetzlichen Verbrechen der Nationalsozialisten im Dritten Reich zurückzuführen ist. In Deutschland gibt es seit dieser Zeit den Ethikrat, und jede wissenschaftliche

Arbeit in der Medizin muss von Beginn an von einer Ethikkommission geprüft werden.

All diese Vorkommnisse der Vergangenheit zeigen heutzutage Folgen. Die menschenverachtende Haltung vieler Naturwissenschaftler hat ein tiefes Misstrauen gegenüber der Naturwissenschaft hinterlassen. Das zeigt sich an vielen Strömen der Meinungsbildung in der Öffentlichkeit: Jede Genveränderung an Pflanzen wird mit Gegenargumenten bekämpft und oft mit der gesamten Umweltproblematik gleichgesetzt. Es gibt Menschen, die jegliche Behandlung mit Mitteln der »Schulmedizin«, wie sie sie nennen, ablehnen. Damit ist gemeint, dass die eigentlich richtige Medizin nicht in der Schule gelehrt wird, sondern im wirklichen Leben. Antibiotika und Impfungen werden als massiv schädlich abgelehnt. Das sind fatale Haltungen, die zu großem Leid führen. So brach in den 1950er-Jahren in Holland eine Epidemie von Kinderlähmung aus, weil sich die Eltern eines Landstrichs geweigert hatten, ihre Kinder impfen zu lassen. Diese Kinder müssen den Rest ihres Lebens körperlich eingeschränkt und häufig mit Schmerzen leben, nur weil ihre Eltern sich in eigenen Gedankengebäuden verirrt haben.

Letztlich sind aber Naturwissenschaftler und die Kirchenführer mitschuldig. Die Wissenschaftler lehnten kategorisch eine höhere Instanz ab und die Kirchen jeden wissenschaftlichen Fortschritt. Im Grunde ginge es darum, das Pfingstwunder mit dem Prometheus-Mythos zu verknüpfen: Wer das Feuer vom Himmel holt, darf nicht nur an den Segen und den Vorteil dieser Energie denken, sondern muss die Gefahren mitbedenken. Dabei geht es eben nicht nur um den rein physischen Effekt, sondern um die Einordnung in größere Systeme. Darüber können nur im Dialog Einigkeit und Handlungsoptionen entwickelt werden. Wie es dann letztlich ausgeht, bleibt immer offen.

Wie notwendig gerade heutzutage eine Auseinandersetzung mit diesen Entwicklungen ist, soll hier am Beispiel der sogenannten »Genschere« gezeigt werden. Es handelt sich um eine völlig neue Technologie, die die Chancen des menschlichen Lebens auf zahlreichen Gebieten beeinflussen wird. Die Öffentlichkeit nimmt diese neue Technologie zwar wahr, jedoch nur an der Oberfläche und nicht in der Tiefe ihrer Bedeutung für die Zukunft. Denn mit dieser Methode wird eine völlig neue Welt von Möglichkeiten erschlossen, die an die Zeit des 19. Jahrhunderts erinnert. Dieser Beitrag soll einen sachlichen Dialog ermöglichen, in dem in verständlicher Sprache die Technik und die Dimensionen dieser Entwicklung erklärt werden.

# Die Genschere

## Die Entdeckung

Im Jahr 2020 bekamen zwei Frauen den Nobelpreis für Chemie. Nebenbei bemerkt, hielten die männlichen Wissenschaftler des 19. Jahrhunderts nicht nur Katholiken für unfähig, wissenschaftlich zu denken, sondern auch Frauen. Irgendwie wirkt das heute noch nach, wenn die Tatsache, dass zwei Frauen den Nobelpreis bekamen, medial so viel Wirbel erzeugte. Viel aufregender war eigentlich der Gegenstand ihrer Forschung, für die sie den Preis erhielten: Nur acht Jahre vorher, im Jahr 2012, veröffentlichten Jennifer Doudna und Emmanuelle Charpentier ihre Entdeckung, dass es möglich ist, Gene jeder Art an einer bestimmten Stelle zu schneiden. Diese Technologie wird kurz CRISPR genannt. Das steht für die englischen Worte »Clustered regulary interspersed short palindromic repeats«, auf Deutsch: »Gehäufte, von regelmäßigen Abständen unterbrochene, kurze Palindrom-Wiederholungen«. Als ich diese Abkürzung und ihre Übersetzung zum ersten Mal las, habe ich gar nichts verstanden. Zuerst stolperte ich über das

Wort »Palindrom«. Es kommt aus der Sprachwissenschaft und bezeichnet Worte, die man vorwärts wie rückwärts lesen kann, zum Beispiel »Otto«, »neben«, »Rentner«. Dieses Prinzip wird auf Gene angewandt, die aus einer Reihenfolge von Teilen bestehen, die mit Buchstaben bezeichnet werden. Es handelt sich also um Reihenfolgen, die von vorne wie von hinten gesehen die gleiche Buchstabenreihung aufweisen. Schaut man sich ein bestimmtes Gen an, fallen solche Reihungen auf und lösen die Frage aus, welche Funktion sie haben.

Noch vor wenigen Monaten hatte ich keine Ahnung davon, dass es solche Gene oder gar die Abkürzung CRISPR gibt. Die Corona-Pandemie hatte gerade ihren erneuten Höhepunkt erreicht und die ersten Impfstoffe gelangten auf den Markt. Gleichzeitig gab es extrem unterschiedliche Stellungnahmen zum Virus, zu seiner Behandlung und zu seiner Verhütung. Als Internist und Tropenarzt fühlte ich, dass mein Wissen nicht ausreichte, um mir selbst eine Meinung zu bilden. Daher ging ich in Würzburg in die Buchhandlung Knodt, die auf medizinische Fachbücher spezialisiert ist. Ich bekam eine gute Fachberatung und zusätzlich die Empfehlung, das Buch von Jennifer Doudna, »Eingriff in die Evolution«, zu lesen. Die Lektüre dieses Buchs hat meinen gesamten Kenntnisstand über Gene und ihre möglichen Veränderungen auf eine neue Basis gestellt. Jennifer Doudna schrieb dieses Buch, um ihre Forschung einem breiteren Publikum zugänglich zu machen. Sie bekennt darin freimütig, dass sie Laborforscherin sei und keine Erfahrung im Umgang mit der Öffentlichkeit habe. Da sie sich mit einer solchen Veröffentlichung schwertat,

Ansgar Stüfe

engagierte sie ihren Mitarbeiter Samuel Sternberg, der den Text wohl hauptsächlich verfasst hat. Obwohl die Thematik nicht so weit von meinen Kenntnissen entfernt war, tat ich mir sehr schwer, die Details zu verstehen. Manches musste ich mehrmals lesen. Doch der Inhalt war insgesamt so aufregend, dass ich die Informationen in einer verständlicheren Sprache zusammenfassen wollte. Dazu kamen die Überlegungen von P. Anselm zum Prometheus-Mythos. Die Entwicklung der Genschere ist durchaus mit dem Feuer des Prometheus zu vergleichen. Der Mensch maßt sich göttliche Kraft an und greift in die Schöpfung ein. Das kann enorme Erfolge bringen, aber auch Abgründe für die Menschheit öffnen. So versuche ich im Folgenden, die Entdeckung mit meinen Worten zu beschreiben und sie in eine christliche Weltsicht einzuordnen.

Jennifer Doudna forscht auf einem außergewöhnlichen Gebiet. Sie untersucht, wie sich Bakterien gegen Viren wehren. Bakterien werden von zahllosen Viren befallen. Einige gehen dabei zugrunde, andere überleben. Warum ist das aber für die Forschung interessant? Auf den ersten Blick könnte es für uns menschliche Wesen doch völlig gleichgültig sein, wie Bakterien ihre Abwehr organisieren. So unwichtig sind die Kenntnisse darüber aber nicht. Viren und Bakterien sind sehr klein und haben daher auch überschaubare Strukturen. Im Bauprinzip aber gleichen die Gene und Zielstrukturen von Bakterien denen des Menschen. Wenn man also verstehen lernt, wie sich die Bakterien zu Viren verhalten, kann man das vielleicht auch auf die menschliche Zelle anwenden. Das war zumindest die Hoffnung.

Wahrscheinlich sitzen viele WissenschaftlerInnen in ihrem Labor und an ihrer jeweiligen Fragestellung und erreichen Ziele, die zwar veröffentlicht werden, aber doch nur eine begrenze Relevanz haben. Ich selbst habe Tropenmedizin studiert und nahm an tropenmedizinischen Konferenzen teil. Dabei traf ich einen jungen Forscher, der seine Ergebnisse an einer Schautafel darstellte. Er beschäftigte sich mit Schnecken, die im tropischen Süßwasser leben. Sie dienen als Zwischenwirt für den Erreger der Bilharziose. Dabei handelt es sich um eine Wurmerkrankung des Darms und der Blase. Dieser Wurm verwandelt sich in viele Zwischenstadien, bevor er den Menschen befällt. Eines der Zwischenstadien ist die Schnecke. Der junge Forscher untersuchte nun das Immunsystem der Schnecke, genauer, wie sie mit den Larven des Wurms fertig wird. Er hat es herausgefunden, aber damit war seine Arbeit auch zu einem Ende gekommen. Die neuen Erkenntnisse führten zu keinen neuen Maßnahmen. Niemand wäre auf die Idee gekommen, das Immunsystem der Schnecke zu stärken, um sie vor dem Wurm zu schützen. So enden viele biologische Forschungsarbeiten. Bei Jennifer Doudna verlief es anders.

Ihre Arbeit endete mit einem Ergebnis, das der Biochemie und der Medizin völlig neue Möglichkeiten eröffnete. Zunächst beschäftigte sie sich mit den CRISPR-Stellen im Gen der Bakterien. Es handelte sich um die oben geschilderten auffälligen Buchstaben-Reihenfolgen der Genteile. Auffallend war besonders, dass sich die gleichen Buchstabenabschnitte in den Genen der Viren fanden, die das Bakterium unschädlich gemacht hatte. Offensichtlich hatten diese besonderen Genteile der Bakterien eine Abwehrfunktion gegen Viren, die solche Genabschnitte ebenfalls enthielten. Zunächst war aber nicht klar, wie das funktionierte. Man hatte nur herausgefunden, dass Viren und Bakterien dieselben Genabschnitte besaßen.

Verschiedene Forscher weltweit stellten im Lauf der Forschung fest, dass neben der CRISPR-RNA, diesem auffälligen Genabschnitt, in den Bakterien auch bestimmte Enzyme vorkommen. Enzyme sind Eiweiße, die eine besondere Funktion haben. Zunächst nannte man diese Enzyme CRISPR assoziierte Enzyme, kurz cas. Diese Enzyme griffen an verschiedenen Stellen die Gene der Viren an und zerstörten sie. Eines zerlegte das Virus in viele kleine Teile, war also sehr effizient in der Abwehr. Solche Enzyme waren aber nicht geeignet, gezielt zu arbeiten. Sie machten ja alles kaputt.

Es wurden also viele cas-Enzyme entdeckt, aber es gab immer noch kein Ergebnis, das sich auf andere Systeme anwenden ließ. Die Erkenntnis erweiterte nur das Wissen um die Abwehr der Bakterien. Bei einem Kongress lernte Jennifer Doudna dann beim Kaffeetrinken Emmanuelle Charpentier kennen. Hier zeigt sich, wie wichtig inoffizielle, aber gerade auch persönliche Kontakte sind. In der Corona-Pandemie waren nur Videokonferenzen möglich. Nun sind viele Menschen der Meinung, Treffen mit physischer Anwesenheit wären damit hinfällig geworden. An diesem Beispiel zeigt sich aber, dass ein Kaffeegespräch wichtiger sein kann als ein ganzer Kongress. Bei einer Videokonferenz hätte es dieses Treffen nicht gegeben und die beiden hätten wahrscheinlich nie den Nobelpreis bekommen.

In diesem Gespräch erklärte Emmanuelle Charpentier, dass auch sie ein cas-Enzym entdeckt hatte. Dieses Enzym war etwas Besonderes: Es schnitt das fremde Gen nur an einer bestimmten Stelle, also nicht an verschiedenen Stellen. Sie stellte die biochemischen Details zur Verfügung und so konnte das Labor von Doudna damit weitere Forschung unternehmen. Zunächst gelang es, das Enzym zu isolieren und genau darzustellen, sodass es in großer Menge hergestellt werden konnte. Erst dann konnte man damit experimentieren. Im nächsten Schritt wurde die CRISPR-RNA mit dem Enzym zusammengebracht und an einem Virus ausprobiert. Das Virus wurde also zusammen mit diesen beiden Teilen in eine Lösung gegeben. Danach wurden die Viren wieder untersucht. Die Gene der Viren hatten sich nicht verändert. Das war eine riesige Enttäuschung, und zunächst sah es so aus, als ob der ganze Forschungsansatz ins Leere liefe.

Doch plötzlich wurde in den Zellen der Bakterien entdeckt, dass die CRISPR-RNA hier nicht allein vorkommt, sondern noch eine andere RNA notwendig ist. Die RNA vermitteln Informationen, sind also Zwischenträger. Die ForscherInnen stellten daraufhin eine CRISPR-RNA mit einer Buchstabensequenz her, wie das in der Natur beobachtet wurde, und gaben die neu entdeckte RNA dazu. Jetzt wurde das Gen des Virus genau an der Stelle geschnitten, an der die vorher bestimmte Reihenfolge der Buchstaben endete. Das bedeutete, dass nun jedes Gen an einer bestimmten Stelle geschnitten werden konnte.

Die bekannte CRISPR und die neu entdeckte RNA waren eigentlich Teile des Abwehrsystems der Bakterien gegen

Viren. Jennifer Doudna überlegte nun, wie man diese Beobachtung nutzen und in anderen Systemen anwenden könnte. Sie bildete eine neue künstliche RNA, die aus einer Kombination der beiden hervorging. Bei der Herstellung dieser Kombi-RNA war es nun möglich, genau diese Stelle eines beliebigen Gens einzubauen, an der es geschnitten werden sollte. Das war die große Entdeckung. Alle anderen Erkenntnisse, die davor gewonnen worden waren, stammen aus Beiträgen aus der ganzen Welt. Diese Methode aber war neu, sozusagen von der Natur abgeschaut, und ließ sich sehr einfach umsetzen. Damit wurde der Eingriff extrem vereinfacht.

Die atemberaubende Faszination dieser neuen Methode liegt vor allem darin, dass sie auf alle in der Natur vorhandenen Gene anwendbar ist, also auf Pflanzen, Tiere und auch auf den Menschen. Damit hat sich ein völlig neues Kapitel in der Medizin aufgetan. Genveränderungen waren bereits zuvor möglich. Aber bisher war es nicht möglich, so gezielt und in so kurzer Zeit Enzyme zu entwickeln, die auch als Genschere benutzt werden konnten. In den Jahren nach 2012 wurde diese Methode von allen Seiten der Medizin und der Biologie aufgegriffen, und eine stürmische Entwicklung neuer Methoden begann, die von der Öffentlichkeit nur sehr begrenzt wahrgenommen wurde. Davon soll in den folgenden Kapiteln die Rede sein.

## Die Anwendung

Die Entdeckung der CRISPR-Technologie war recht kompliziert. Ich habe oben versucht, diesen Weg der Entdeckung so darzustellen, dass dies auch Menschen verstehen können, die sich nie mit solchen Themen beschäftigen. Auch in den kommenden Beispielen werde ich die Details sehr vereinfacht darstellen, um das Lesen zu erleichtern. Es geht ja nicht so sehr darum, wie die einzelnen Techniken funktionieren, sondern welche Auswirkungen sie haben. Um auf den Mythos von Prometheus zurückzukommen: Das Feuer ist entdeckt, aber die Macht des Feuers noch nicht abschätzbar.

Die neu entwickelte Technologie erlaubt es, Gene an einer ganz bestimmten Stelle zu schneiden. Das Erstaunliche daran ist, dass dies für alle Gene gilt, ganz gleich, ob es sich um Pflanzen, einfachste Lebewesen wie Bakterien oder höher entwickelte Tiere handelt. Selbstverständlich gehören auch die Gene des Menschen dazu. Was kann man aber mit einer solchen Genschere anfangen? Zunächst hilft es nicht viel, wenn man ein Gen an einer bestimmten Stelle schneidet. Bei der geschilderten Forschung nutzten Bakterien diese Fähigkeit, um sich vor Viren zu schützen. Durch einen Schnitt zerstören sie das Virus-Gen. Damit wäre aber der Nutzen dieser Technologie sehr begrenzt. Es geht nicht einfach um Zerstörung, sondern um viel mehr: Durch die neue Gentechnologie ist es möglich, Gene genau zu analysieren und herauszufinden, welche Eigenschaften durch ein bestimmtes Gen kontrolliert werden. Dieses Gen kann mit

Ansgar Stüfe

der Genschere auf kleinstem Maßstab verändert werden. Die Untereinheiten der Gene werden mit Einzelbuchstaben bezeichnet. Mit der Genschere kann man so einen Einzelbuchstaben entfernen, ersetzen oder ganze Gensequenzen neu einsetzen. Damit eröffnen sich neue, ungeahnte Möglichkeiten auf verschiedenen Ebenen. Jennifer Doudna dachte bei ihrer Forschung jedoch in erster Linie an Pflanzenschutz.

## Pflanzen

Pflanzen haben viel einfachere Gene als Tiere. Daher lassen sich spontane Genveränderungen verhältnismäßig leicht erkennen. Auch haben Menschen schon seit Jahrtausenden die Gene der Pflanzen verändert. Bisher wurde die traditionelle Genveränderung jedoch leicht verharmlosend »Züchten« genannt.

Ein historisches Beispiel für genbedingte Krankheiten bei Pflanzen und den Umgang damit war die sogenannte Reblauskatastrophe in der zweiten Hälfte des 19. Jahrhunderts. Reisende schleppten den Schädling aus den USA ein und er vernichtete langsam den gesamten Rebenbestand in Europa. In meiner Heimat in Unterfranken war das eine riesige soziale und wirtschaftliche Katastrophe. Für einige Jahre fiel der Weinanbau aus.

Die Menschen fragten sich natürlich, wie so etwas möglich war. In den USA hatte es keine Probleme mit der Reblaus gegeben, obwohl dort ebenfalls schon lange Weintrauben

angebaut wurden. Aber: Die dort ansässige Reblaus scha-
dete den dortigen Reben nicht. Schon damals kannte man
Grundzüge der Genetik und schloss daraus, dass die Rebstöcke in den USA genetisch gegen die Reblaus geschützt
waren. Man führte daraufhin amerikanische Rebstöcke
nach Europa, auch nach Franken, ein und pfropfte die ein-
heimischen Rebsorten darauf. Tatsächlich funktionierte
das. Bis heute wachsen die meisten deutschen Rebstöcke
auf amerikanischen Vorgängern, nur die Trauben sind ein-
heimisch. Die Genstruktur wurde also zwei Mal genutzt:
Einmal durch die Einfuhr resistenter Sorten und dann
durch das Aufpfropfen von fremden Zweigen. Diese Technologie ist sehr alt und hat immerhin den Weinanbau in
Deutschland gerettet. Fährt man heutzutage durch das
Maintal, sieht man, dass die Nordhänge nicht mehr genutzt
werden. Hier stehen (meist vernachlässigte) Apfelbäume,
zwischen denen man die alten Terrassen sehen kann, auf
denen früher die Rebstöcke standen. Die Nordseiten der
Hänge hatten einen deutlich niedrigeren und qualitativ
nicht so hochwertigen Ertrag und wurden nach der Katastrophe gar nicht mehr bewirtschaftet. Die Reblauskatastrophe zeigt, welche Konsequenzen Erbänderungen in Pflanzen nach sich ziehen. Bereits vor einhundert Jahren wurde
Gentechnologie also zum Schutz einer Pflanzenart angewandt. Allerdings dauerte es Jahre, bis der Erfolg sichtbar
wurde, und konnte auch vielen nicht mehr helfen, die nur
eine kleine Fläche bewirtschaftet hatten.

Jennifer Doudna beschreibt eine ganz ähnliche Problemstellung aus unserer Zeit: Im Jahr 2004 entdeckten Forscher die Ursache für die Anfälligkeit von Gerste für Mehl-

tau. Mehltau ist ein bekannter Schädling und gehört zu den Pilzen. Er befällt viele Pflanzen und ist nur mit recht giftigen Pflanzenschutzmitteln zu bekämpfen. Die Wurzeln der Gerstensorte, bei der man diese Anfälligkeit festgestellt hatte, konnte man bis in die 1930er-Jahre nach Äthiopien zurückverfolgen. Von dort wurde sie von deutschen Forschern nach Europa und später in die USA eingeführt. Ursprünglich handelte es sich um eine besonders ertragreiche Sorte. Das ist immer die eigentliche Grundlage von Züchtung. Jeder kann das im eigenen Garten beobachten: Jahr für Jahr vermehren sich die Pflanzen oder wachsen ganz neu. Ständig zeigen sich neue Formen oder Eigenschaften. Ich habe immer bewundert, wie die Tulpen in unserem Garten jedes Jahr ein wenig ihre Farben veränderten. Nicht immer wurden sie schöner. Daher liegt es nahe, immer nur die Tulpen wieder einzupflanzen, deren Farben uns gefallen.

So war es auch bei der Gerste. Die besonders ertragreichen Änderungen wurden bevorzugt. Dabei ändert sich aber nicht nur ein Gen, sondern viele andere ebenfalls. Daher können Züchtungen erhebliche Probleme mit sich bringen. Die Forscher entdeckten in der von Mehltau befallenen Gerste ein Gen, genannt Mlo. Dieses Gen ist für die Abwehr von Mehltau verantwortlich und hatte bei der Ursprungsgerste in Äthiopien auch noch gewirkt. Damals wollte man in Deutschland den Ertrag noch weiter verbessern und hat die Samen mit Röntgenstrahlen behandelt. Das war eine übliche Methode, um die Züchtung zu beschleunigen. Röntgenstrahlen verändern das Erbgut. Danach probiert man aus, welche behandelten Samen den besten

Ertrag bringen. Mit dieser Methode wurde aber auch das Mlo-Gen so verändert, dass der Schutz wegfiel. Weil aber die Gerste ertragreich war, verbreitete sie sich auch in anderen Ländern. Es hat dann bis zum Jahr 2004 gedauert, bis die Ursache der Anfälligkeit für Mehltau entdeckt wurde. Sie bestand in der Änderung nur eines einzigen Buchstabens im Gen. Mit der neuen CRISPR-Methode kann jetzt das fehlerhafte Gen repariert werden. Der falsche Buchstabe wird entfernt und der richtige eingesetzt. So entsteht Gerste, die weiterhin einen hohen Ertrag hat, aber nicht mehr so anfällig ist für Mehltau – wie die ursprüngliche Ausgangssorte. 2014 konnte derselbe Effekt beim Weizen erzielt werden.

Die Forschung beschäftigt sich jetzt damit, weitere Genfehler zu entdecken, die für den Befall von Schädlingen verantwortlich sind. Damit können Reis, Sojabohnen, Kartoffeln und irgendwann wohl auch die Trauben vor Schädlingen so geschützt werden, dass keine Pflanzenschutzmittel mehr eingesetzt werden müssen. Wenn man bedenkt, wie viele Nebenfolgen der Einsatz von Pflanzenschutzmitteln hat, ist das eine fantastische Methode und Möglichkeit. Sie ermöglichen den Erhalt der Arten und vermeiden die schädliche Bekämpfung von Pilzen und Bakterien. Zaubermittel sind das alles jedoch nicht. Bei Nutzpflanzen, die wie Getreide in einem Jahr geerntet werden, kann gesundes Saatgut schnell zum Einsatz kommen. Bei Rebstöcken wäre das schon schwieriger. Es dauert Jahre, bis neue Rebstöcke wachsen und neues Erbgut nutzen können. Zwar kann es gezielter geschehen als früher, aber Zeit braucht es dennoch.

Ansgar Stüfe

Ich denke da auch an die Katastrophe mit den Olivenbäumen in Süditalien, die von einem Schädling befallen wurden. Ich selbst sah große Felder mit Olivenbäumen, die braun und krank waren. Die Produktion fiel um ein Drittel, und Italien konnte zum ersten Mal nicht mehr den Eigenbedarf an Olivenöl aus einheimischer Produktion decken. Sollte man das Gen finden, das dafür verantwortlich ist, müssten neue Bäume gepflanzt werden. Vielleicht ginge es auch mit Aufpfropfen. In jedem Fall aber dauert das viel länger als bei der Gerste. An diesen Beispielen zeigt sich das ungeheure Potenzial, das in der CRISPR-Methode in Bezug auf Pflanzenschutz steckt – aber es deckt auch die Tatsache auf, dass sich nicht alle Probleme gleich lösen lassen.

Neben der Pflanzenschutzfunktion gibt es noch andere Felder, auf denen die CRISPR-Methode eingesetzt werden kann. Sojabohnen kamen beispielsweise ins Gerede, weil ihr Öl ungesunde Mengen an Fetten enthält, die für den Menschen schädlich sind und zur Arteriosklerose beitragen. So entstehen Gefäßschäden mit entsprechenden Folgen. ForscherInnen haben nun das Gen in den Pflanzen entdeckt, das für die Fettproduktion verantwortlich ist. Sie konnten daraufhin mit der CRISPR-Methode das Gen so verändern, dass der Fettanteil niedriger wurde und so nicht mehr für den Menschen schädlich ist. Wir können also wieder unbeschwert Tofu essen, wenn es von solchen Bohnen stammt.

Ein wirklich wichtiges Beispiel lässt sich an den Kartoffeln zeigen. Sie sind nach Reis und Weizen das wichtigste Nahrungsmittel der Welt. Kartoffeln werden im Herbst geerntet und im kühlen Keller bis zur nächsten Ernte gelagert. In dieser Zeit verwandelt sich die Stärke in Glucose und Fructose. Bekanntlich ist die Kartoffel hauptsächlich Lieferant von Kohlehydraten in Form von Stärke, wie auch der Weizen. Ich kann mich noch gut erinnern, wie wir in der Schule von unserem Biologielehrer aufgefordert wurden, zehn Minuten oder länger auf einem Stück Brot zu kauen. Mit der Zeit wurde das Brot süß. Der Speichel verwandelte die Stärke zu Zucker. Genau das geschieht in der Kartoffel während der Lagerung. Werden nun die Kartoffeln mit hohen Temperaturen gegart wie bei Pommes Frites, entsteht aus diesem Zucker Acrylamid, eine Substanz, die krebserregend ist. Auch verändern sich nach längerer Lagerung der Kartoffeln der Geschmack und die Farbe.

Forscher habe nun herausgefunden, dass für diese Stärkeumwandlung ein einziges Gen verantwortlich ist. Sie redigierten das Gen und konnten aus diesem Samen Kartoffeln gewinnen, die 70 Prozent weniger Acrylamid enthielten und auch die Farbe nicht mehr änderten.

Diese beiden Beispiele zeigen das ungeheure Potenzial der neuen Technologie. Es gelingt, Lebensmittel in kurzer Zeit so zu verändern, dass sie keine gesundheitsschädlichen Substanzen mehr enthalten. Früher war Züchten nur mit dem ganzen Gen möglich. Manche halten das für sicherer und bewährter. Es ist aber gerade gefährlicher, denn viele Züchtungen der traditionellen Art haben neben dem gewünschten Effekt noch andere mit sich gebracht. Vor allem die Anfälligkeit für Schädlinge und das Auftreten gesundheitlich gefährlicher Substanzen waren die Folge. Mit der

Ansgar Stüfe

neuen Methode kann man nur die Stelle des Gens verändern, die für solche Effekte verantwortlich ist. Die anderen Gene bleiben völlig unverändert. So kann die Vielfalt der Pflanzen deutlich leichter erhalten werden. Ein anderes Beispiel: Sicher ist es schon vielen aufgefallen, dass die Sortenauswahl bei Äpfeln in letzter Zeit sehr zurückgegangen ist. Das liegt daran, dass die traditionellen Äpfel oft anfällig für Schädlinge sind. Mit der CRISPR-Methode könnte die Anfälligkeit behoben werden und die Artenvielfalt ohne Pflanzenschutzmittel erhalten bleiben.

Die Erhaltung vielfältiger Nahrungsmittel ist noch aus einem ganz anderen Grund wichtig. Es wird immer klarer, dass weltweit zu viele Großsäugetiere, wie zum Beispiel Kühe, gehalten werden. Sie verzehren Pflanzen und tragen durch den Methanausstoß in der massenhaften Haltung zum Klimawandel bei. Könnte man die pflanzliche Kost vervielfachen und vor allem breiter erschließen, ließen sich mehr Menschen von zurückhaltendem Fleischverzehr überzeugen. Die neue Methode erlaubt es sehr gezielt und damit auf vorhersehbare Weise Pflanzen zu verbessern und die Artenvielfalt zu erhalten.

## Tierhaltung

Die neu durch CRISPR entwickelte Genschere kann an allen Genen eingesetzt werden, von Einzellern bis zu den Säugetieren. Das zeigt auch, wie sehr alle Lebewesen auf dieselben Strukturen zurückzuführen sind. Ich finde es faszinierend, mir vorzustellen, dass ich gewisse Eigenschaften mit dem Regenwurm gemeinsam habe, aber auch mit Pflanzen und Säugetieren. Was Darwin nur als Theorie formulieren konnte, hat die Kenntnis des Erbgutes bestätigt.

Innerhalb einer Gattung treten bei der natürlichen Vermehrung spontan Variationen auf. Diese Variationen wurden bei Haustieren weiter gezüchtet, wenn sie für den Menschen Vorteile brachten. In der Natur können wir aber Änderungen beobachten, die keiner direkten Nützlichkeit unterworfen sind und doch seltsam wirken. Ich lebte viele Jahre in Tansania und besuche das Land regelmäßig. So kann ich fast 35 Jahre überblicken. Im Ruaha National Park leben sehr viele Elefanten. Vor etwa zwanzig Jahren fielen mir einige Tiere auf, die keine Stoßzähne hatten. Elefanten ohne Stoßzähne kann man sich gar nicht so recht vorstellen. Sie benötigen sie für viele Dinge. Sie ritzen an gewissen Bäumen die Rinde an, um in der Trockenzeit Wasser zu sich zu nehmen. Oft klemmen sie Äste zwischen Rüssel und Zähne, um sie abreißen zu können. Natürlich dienen die Zähne auch zur Verteidigung, vor allem unter männlichen Elefanten. Man sollte also annehmen, dass die zahnlosen Elefanten nur eine seltsame Variation sind, aber nur ab und zu vereinzelt vorkommen. In den letzten Jahren haben sie aber deutlich zugenommen. Inzwischen gibt es ganze Familien ohne Stoßzähne. Wenn ich frage, was die Ursache sei, bekomme ich zur Antwort, dass es eine genetische Variation sei. Das ist natürlich richtig. Parallel dazu konnte man beobachten, dass Elefanten mit besonders langen Zähnen seltener wurden. Das lässt sich leichter erklären. Sie wurden nämlich bevorzugt gewildert. Ich dachte mir nun, dass die Elefanten ohne Zähne den Vorteil haben, für Wilderer uninteressant zu sein, denn sie interes-

Ansgar Stüfe

siert nur das Elfenbein. Daher hatten in der Zeit, als besonders viel gewildert wurde, die Elefanten ohne Stoßzähne einen Überlebensvorteil. Seit sechs Jahren wird die Wilderei rigoros unterbunden und die Elefanten haben sich wieder stark vermehrt. In manchen Gegenden Tansanias reichen die geschützten Flächen nicht mehr aus, um die Elefanten zu ernähren, und sie dringen in Wohngegenden vor. Es wäre interessant zu beobachten, ob die zahnlosen Tiere jetzt wieder weniger werden. Dieses Beispiel zeigt, dass es auch ohne Gentechnologie Änderungen gibt.

In der Regel ahmt der Mensch die Natur nur nach oder nutzt ihre Vorgänge. Dies gilt vor allem für Haustiere. Züchtungen gibt es, seit es Haustiere gibt. Unsere modernen Hausschweine haben nicht mehr viel mit ihren wilden Vorfahren zu tun, die die Menschen damals domestizierten. Sieht man sich auf mittelalterlichen Gemälden die dargestellten Schweine an, haben auch diese kaum Ähnlichkeit mit den heutigen Tieren.

Durch die neue Gentechnologie ist es möglich, Gene genau zu analysieren und zu verändern. Der Unterschied zu früher ist – wie bei den Pflanzen – die Genauigkeit der Änderung und die Schnelligkeit, mit der das möglich ist. Nach der Veröffentlichung der Genscherentechnologie haben sich zahllose Forscher auf diese Methode gestürzt und in kurzer Zeit Ergebnisse erzielt.

Bauern enthornen beispielsweise ihre Kühe, weil sie sich gegenseitig verletzen, wenn sie auf engem Raum zusammenstehen. Bei Bullen sind die Hörner auch eine Gefahr für die

Viehhalter. Um solche Gefahren zu vermeiden, waren viele Rinderhalter dazu übergegangen, die Hörner zu entfernen, worunter die Tiere sehr leiden. Ähnlich wie bei den Elefanten gibt es heute auch bei Rindern hornlose Tiere. Hier ist es gelungen, das Horn-Gen der Rinder so zu verändern, dass nur die Hörner nicht mehr entwickelt werden, die anderen Eigenschaften aber erhalten bleiben.

Ähnlich hat man Gene von Schweinen verändert, wodurch es gelang, dass diese Art von Schweinen deutlich mehr mageres Fleisch und weniger Fett haben als ihre Artgenossen. Auch hier konnte man Änderungen erzielen, ohne andere Änderungen in Kauf nehmen zu müssen. Bei früheren Züchtungen waren Schweine sehr stressanfällig geworden. Sie hatten weniger Fett, aber auch eine schlechte Herzmuskulatur. So starben viele Tiere beim Transport, bevor sie geschlachtet werden konnten. Solche Nachteile kann man mit der neuen Methode vermeiden.

Durch die Genschere ist es möglich, die Nutztierhaltung massiv zu beeinflussen. Um noch ein weiteres Beispiel zu nennen, sei hier das Fell einiger Tiere genannt: Schafe und Ziegen werden für die Erzeugung von Wolle geschoren. Auch dies ist eine uralte Kulturtechnik, die schon in der Bibel erwähnt wird. Nun gelang es, das Gen für das Fell bei den Kaschmirziegen zu verbessern und so bei derselben Anzahl von Tieren mehr und bessere Kaschmirwolle zu erhalten als vorher.

Um es klar zu sagen: Diese Methoden sind nicht neu. Solange es Menschen gibt, haben sie gezüchtet. Mit der Gensche-

Ansgar Stüfe

re gelingt es aber, eine Änderung in den Tieren zu erzielen, die sich auf eine einzige Eigenschaft reduziert und keine anderen Gene beeinträchtigt oder mitverändert.

Neben den Nutztieren stehen auch andere Tiere im Ziel der Forschung, vor allem Schädlinge. Dabei handelt es sich meistens um Insekten. Die Anopheles-Stechmücke beispielsweise überträgt weltweit die Malaria. Es gibt 400 Unterarten dieser Stechmücke. Nur die Weibchen stechen und haben eine heimtückische Eigenart entwickelt: Als einzige Stechmücken geben sie keinen Laut von sich. Daher hört man sie nicht. Zudem haben sie ihre Stechgewohnheiten an den Schlafrhythmus des Menschen angepasst und sind nur in der Nacht ab etwa 21 Uhr bis morgens in der Früh aktiv. Alle diese Eigenschaften sind genetisch festgelegt. Forscher haben sich nun daran gemacht, diese Gene zu redigieren. Vielleicht gelingt es, die Eigenschaften so zu verändern, dass sie nicht mehr in dieser Form stechen. Allerdings ist das nicht so einfach wie bei Haustieren. Es hat früher schon Versuche gegeben, unfruchtbare Mücken zu züchten. Diese wurden in die Natur ausgesetzt, überlebten aber nur kurze Zeit und veränderten das Erbgut der anderen Mücken nicht. Dieses Problem bleibt bestehen. Hier zeigen sich schon Grenzen von Genveränderungen. Grundsätzlich wäre es aber möglich, Mücken so zu verändern, dass sie nicht ausgerottet, sondern einfach für den Menschen ungefährlich werden. Am besten wäre es, die Eigenschaft zu verändern, die es dem Malaria-Parasiten ermöglicht, sich in der Mücke zu vermehren. Bis dahin ist aber noch viel Forschung notwendig.

Man kam in diesem Zusammenhang auch auf die Idee, Tiere als Arzneiproduzenten zu nutzen. Das klingt erst einmal etwas gewagt, ist aber gar nicht neu. Noch vor vierzig Jahren wurde Insulin aus Rindern und Schweinen gewonnen. Erst als man menschliche Zellen zur Insulinproduktion nutzen konnte, brauchte man die Tiere hierzu nicht mehr. In der Öffentlichkeit ist das gar nicht recht wahrgenommen worden. Ich selbst habe als Arzt noch mit dieser Form des Insulins gearbeitet. Damals war das Schweineinsulin immer besser als das Rinderinsulin. Menschen entwickelten Antikörper gegen das dem menschlichen Körper fremde Eiweiß. Das Schwein ist aber in seinem Immunsystem dem Menschen näher als das Rind. Daher steht auch bei der neueren Forschung das Schwein im Vordergrund. Bereits heute wird bei schweren Verbrennungen Schweinehaut zur Abdeckung genutzt. Bei sehr schweren Verbrennungen überlebt der Mensch nur, wenn ein Großteil der Haut intakt geblieben ist. Je nach Schweregrad genügen manchmal zehn Prozent Zerstörung der Hautoberfläche, um den Tod zu verursachen. Der Körper muss nämlich ungeheure Mengen Gewebe aufbauen, um die zerstörte Haut wiederherzustellen. Nun hat man schon vor Jahren festgestellt, dass man den Heilungsprozess erleichtern kann, wenn man Teile der Wunden mit Schweinehaut abdeckt. In diesen Bereichen muss dann keine neue Haut gebildet werden, und der Körper kann sich auf die anderen Stellen konzentrieren. Nach einigen Tagen wird das tierische Gewebe aber abgestoßen, weil es vom menschlichen Immunsystem als fremd erkannt wird. Es ginge also darum, die Zellen von Schweinen der Immunabwehr des Körpers zu entziehen. Das könnte gelingen, indem man Schweinezellen züchtet, die mit mensch-

Ansgar Stüfe

lichen Eiweißen ausgestattet sind. Das alles ist zunächst noch Zukunftsmusik, aber es ist theoretisch möglich.

Alle diese Veränderungen bei Tieren und Pflanzen haben das Ziel, die Natur zu schonen und nicht so heftig in die Natur einzugreifen, wie es bei den traditionellen Züchtungen der Fall war.

Zudem gibt es Überlegungen, die nicht auf unmittelbaren Nutzen aus sind, zum Beispiel Versuche, Tiere als Spielzeug zu züchten. Auch das ist nicht ganz neu. Man braucht nur an einem Sonntag in der Stadt spazieren zu gehen. Die Hunde, die es augenblicklich zu sehen gibt, haben sicher kaum Nutzwert, sondern dienen höchstens den Emotionen der Halterin oder des Halters. Ich finde es bemerkenswert, dass Züchtungen in der Nutztierhaltung oft heftig kritisiert werden, die manchmal seltsamen Züchtungen bei Schoßtieren jedoch allgemeine Zustimmung finden. »Ach, wie süß!«, heißt es da. Häufig stecken hinter solchen Züchtungen sich verändernde Kulturen oder Ideale.

Wie unterschiedlich Empfindungen auf diesem Gebiet sind, kann man in Ostasien beobachten. Ich ging einmal in einer chinesischen Stadt tagsüber spazieren. Da sah ich am Rand des breiten Gehsteigs eine kleine Gruppe von Menschen um einige Plastikbehälter herum stehen. Da ich in fremden Ländern immer neugierig bin, ging ich näher heran. Zu meiner Überraschung sah ich, dass ein Mann blütenweiße Weinbergschnecken verkaufte. Ein kleines Mädchen von etwa fünf Jahren saß vor den Schnecken und durfte sich eine aussuchen.

Ich kann mich gut daran erinnern, dass ich im gleichen Alter auch gern bei uns im Garten mit Schnecken gespielt habe. Meine pflichtbewussten Eltern ermahnten mich aber, dass ich die Schnecken nicht quälen dürfe. Ich habe nämlich immer ihre Fühler angestupst und es toll gefunden, wie diese ein- und ausfuhren. Auch hatte ich viel Spaß dabei, mir Regenwürmer über die Handfläche kriechen zu lassen. Wenn Kinder unbedarft lernen, mit der Natur umzugehen, ist das kein Schaden. Zudem habe ich dieses Hobby nicht lange weitergeführt. Es bedeutet aber noch einen Schritt weiter, solche Tiere als Spielzeug zu züchten.

Martin Suter hat in seinem Roman »Elefant« diese Problematik großartig dargestellt. Was ich mit dürren Worten zu erklären versuche, hat er in einen vielschichtigen Unterhaltungsroman gepackt: Chinesische Forscher arbeiteten mit einem Schweizer Zirkus zusammen, der Elefanten hielt. Ziel war es, Spielzeugelefanten zu züchten. Das Buch ist 2017 erschienen. Zwar bezieht sich Suter nicht ausdrücklich auf die CRISPR-Methode, aber er scheint sehr gut informiert gewesen zu sein. In der Geschichte entsteht ein kleiner rosa Elefant, der auch noch strahlt. Allerdings hat er neben der Spielzeuggröße eine Krankheit geerbt, die sein Leben begrenzte. Da stand die Hoffnung dahinter, dass die Natur diesen Experimenten Grenzen setzt. Mit der Genschere kann man aber Krankheiten ausschließen. Daher ist diese Möglichkeit, Spielzeugelefanten zu züchten, durchaus gegeben.

Ein anderes Beispiel sind Kampfhähne auf den Philippinen. Dort gibt es Arenen, in denen die Hähne miteinander kämpfen. Diese Art der Unterhaltung ist Jahrhunderte alt

Ansgar Stüfe

und spielt eine wichtige wirtschaftliche Rolle. Die Stadien bringen viel Geld ein und kampferprobte Hähne erzielen hohe Preise. Auch hier ließen sich mit der Genschere die Kampfeigenschaften verbessern und dem Besitzer noch mehr Geld einbringen.

## Genbeeinflussung beim Menschen

Der Mensch hat die komplexeste Genstruktur von allen Lebewesen. Trotzdem wurde sie vor zwanzig Jahren vollständig entschlüsselt und allgemein bekannt gemacht. Es ist wie eine Bibliothek mit unzähligen Titeln. Allerdings ist bei Weitem noch nicht bekannt, wofür alle Einzelgene verantwortlich sind. Nur bei solchen, deren Funktion man kennt, wären Maßnahmen durch die Genschere möglich. Trotzdem hat diese schiere Masse an Genen von vornherein Grenzen.

Zum Beispiel haben Forscher festgestellt, dass Frauen mit Brustkrebs bestimmte Gene haben. Es ist aber nicht klar, ob diese Gene allein ausreichen, den Krebs auszulösen. Es könnte also sein, dass diese Gene redigiert werden und die Frauen trotzdem Krebs bekommen. Wie kompliziert Gene arbeiten, wurde schon bei der Entdeckung der Genschere deutlich. Die Gene für die CRISPR-RNA waren schon lange bekannt und niemand wusste, wie sie arbeiten. Erst eine intensive Forschung brachte den ganzen Zusammenhang heraus. Diese Forschung gelang in dem überschaubaren Bereich von Bakterien und Viren. Daher ist es nicht erstaunlich, dass die ersten großen Erfolge der Genscheren-Technologie für den Menschen nicht im Bereich des menschlichen Gens, sondern in dem von Viren erzielt wurde.

Die ganze Menschheit wurde von der weltweiten Ausbreitung des Corona-Virus völlig unvorbereitet getroffen. Manche Kommentare überraschen mich bis heute. Viele führen die Pandemie auf die Globalisierung zurück, manche warnen, dass die Pandemien jetzt zunehmen würden, und andere malen geradezu apokalyptische Zukunftsbilder an die Wand. Als Arzt kann ich darüber nur den Kopf schütteln. Schon immer gab es Pandemien. Der Unterschied zu heute ist nur, dass die Menschen wirklich glaubten, wir könnten uns dagegen schützen. Es gibt abertausende Viren in der Welt, die sich alle als Schädlinge entpuppen könnten. Heute fallen ihnen viel mehr Menschen zum Opfer als früher, einfach weil es mehr Menschen gibt.

Das Corona-Virus ist bei nahezu allen Tieren verbreitet. Hühner sind besonders anfällig und dies hat schon zu großen Schäden in der Hühnerhaltung geführt. Bisherige Impfungen gegen Hühner-Corona waren erfolglos. Daher waren Impfforscher auch sehr skeptisch, ob es überhaupt einen wirksamen Impfstoff gegen Corona geben könne. Noch Mitte 2020 war man davon nicht überzeugt. Dann kam es plötzlich in ungeheuer kurzer Zeit zum Durchbruch. Wie war das möglich?

Wir erleben momentan in der Medizin äußerst spannende Momente, die leider viel zu wenig Beachtung finden. In der Firma BioNTech in Mainz kam das Ehepaar Sahin und Türeci schon lange auf die Idee, mRNA als Impfstoff zu verwenden. Bisher wurden Virusimpfstoffe ganz anders gewonnen. Wenn ein neuer Erreger auftrat, wurde das Virus im Labor gezüchtet und vermehrt. Bei solchen Vermehrungsprozessen treten Mutationen auf. Dabei entstehen Viren, die irgendwann immer weniger schädlich für den Menschen werden, aber noch die gleiche Immunantwort auslösen wie beim ursprünglichen Virus. Es kann Jahre dauern, bis ein solcher Virus erkannt wird. Dieser sogenannte abgeschwächte Virus wird dann als Impfstoff getestet. Zu Beginn ist nicht sicher, welcher Virus das Immunsystem ausreichend anregt und auch keine anderen Nebenwirkungen mit sich bringt. Daher dauerten Impfstoffentwicklungen oft Jahre.

Das Corona-Virus besteht aus mRNA. Diese mRNA ist eigentlich der Botenstoff der Gene, der das vom Gen bestimmte Produkt herstellt. Das Virus ist ein Parasit, der die menschliche Zelle zur eigenen Fortpflanzung benutzt. Seine mRNA täuscht das Zellsystem, indem es vorgibt, vom menschlichen Gen zu stammen. Damit es vom Immunsystem nicht erkannt wird, hat sich das Virus noch etwas Schlaues ausgedacht: Nach dem Eindringen löst es die Produktion einer Hülle aus, die das Virus umgibt und es vor der Abwehr schützt. Dann zerlegt es sich in seine Einzelteile, um die Produktion eines neuen Virus zu erzielen. Erst dann merkt die Zelle, was da läuft, und versucht, das Virus abzuwehren. Oft reicht die Zeit dazu nicht aus und die infizierte Person stirbt.

Diesem Prozess wäre auch eine Impfung mit einem üblichen abgeschwächten Virus ausgesetzt. Daher waren Corona-Impfungen bisher bei Tieren nicht sehr erfolgreich. Hinzu kam, dass die abgeschwächten Viren mit den Krankheitserregern neue Viren bildeten. So hatte ein Impfstoff bei Hühnern sogar eine Verstärkung der Seuche ausgelöst. Man kann sich vorstellen, wie besorgt alle auf einen möglichen Impfstoff geschaut haben.

Die eigentliche Erfindung des Ehepaars Sahin und Türci bestand darin, dass sie nicht wie sonst üblich die gesamte mRNA des Virus, sondern nur einen Abschnitt, der für ein bestimmtes Eiweiß verantwortlich war, verwendet haben. Diesen Abschnitt erzeugten sie mit Hilfe der Genschere. Das Corona-Virus besitzt nur vier Eiweiße. Eiweiße sind die Substanzen, die im Körper die Abwehr auslösen. Bei der traditionellen Impfung gelangt das ganze Virus mit Erbanlagen und Eiweißen in den Körper. Dabei hofft man, dass der Körper irgendwelche Antikörper bildet, die im Gedächtnis des Immunsystems gespeichert werden. Dringt dann der echte Virus ein, sollen diese Antikörper ihn abtöten. Meistens gelingt dies nur in abgeschwächter Form gegenüber einer echten Infektion.

Bei der von BioNTech entwickelten Technik schlug man einen völlig neuen Weg ein. Es wurde nur der Abschnitt aus der Virus-mRNA ausgeschnitten, der für das Oberflächeneiweiß des Virus verantwortlich war. Die Voraussetzung für diese Technologie war die Genschere. So konnte man sauber und ohne Verunreinigung das Gen für das eine Eiweiß bilden. Natürlich wusste man nicht, ob dieses Eiweiß ausreichend Wirkung erzielt. Erst intensive Forschung hat erkannt, wie gut diese mRNA wirkt: Sie gelangt unbe-

helligt in die Zelle. Dort löst sie die Produktion dieses Eiweißes aus. Das geschieht deswegen ungestört, weil dieser
kleine mRNA-Abschnitt keine Hülle erzeugt. Der Körper
kann also gezielt gegen dieses Eiweiß Antikörper bilden.
Die Zerstörung des Eiweißes an der Oberfläche des Virus
genügt, um ihn lebensunfähig zu machen. Ein Nachteil war,
dass der Zellaufenthalt dieser mRNA sehr kurz dauerte,
nämlich nur einige Stunden, und deswegen zunächst nicht
genügend Antikörper auslösendes Eiweiß gebildet wurde.
Die große Überraschung war dann, dass durch eine zweite
Impfung ein ausreichender Schutz entstand.

Jetzt wird vielleicht auch klar, warum es möglich war, in so
kurzer Zeit den Impfstoff herzustellen. Mit der neuen Technologie lassen sich Bestandteile der Virus-mRNA in verschiedensten Variationen in nur wenigen Wochen herstellen. Daher konnten viele parallele Impfstoffe ausprobiert
werden. Allerdings hing der Erfolg dann auch von der zielgerichteten Vorgehensweise und dem Genie des Forscherehepaares ab. Anderen Firmen ist das nicht gelungen. Die
Entwicklung dieses Impfstoffs zeigt mit großer Klarheit,
welch unglaublicher Fortschritt mit der neuen Technologie
möglich ist.

Ursprünglich waren Sahin und Türcei aber gar nicht an der
Entwicklung von Impfstoffen beteiligt, sondern dabei, biologische Mittel gegen Krebs herzustellen. Bei der Heilung
verschiedener Arten von Krebserkrankungen wurden in
den letzten Jahrzehnten große Fortschritte erzielt. Nur bei
den Krebsarten, die zwischen Mund und Darm auftreten
und große Tumormassen bilden, ist die Therapie nicht recht

vorwärtsgekommen. Allein durch Früherkennung konnte die Todesrate bei Magen- und Darmkrebs vermindert werden. Als Therapie steht wie vor mehr als einhundert Jahren die Operation im Vordergrund.

Schon lange hat die Forschung erkannt, dass auch bei den Krebszellen eine Veränderung der Gene zugrunde liegt, Onkogene genannt. Sie verändern die Zelle. Diese vermehren sich schneller, hören nicht mehr auf zu wachsen und zerstören die normalen Zellen in ihrer Umgebung. Wie ich bereits in Bezug auf das Virus geschildert habe, steuern die Gene hauptsächlich die Produktion von Eiweißarten. Daher ist es naheliegend anzunehmen, dass die Krebszellen Eiweißsorten enthalten, die andere Zellen nicht besitzen. Antikörper gegen solche Eiweiße müssten dann wie bei den Viren die veränderten Zellen töten. Diese Idee wurde schon vor vierzig Jahren aufgegriffen. Damals entdeckte man eine Methode, Antikörper gegen bestimmte Eiweiße herzustellen. Das gelang indirekt, indem man Immunzellen mit diesen Eiweißen im Labor konfrontierte. So konnte man schon vor der Entdeckung der Genschere solche sogenannten monoklonalen Antikörper erzeugen, also Antikörper, die nur gegen diese bestimmten Eiweiße gerichtet waren.

In der Zeit der Entdeckung dieser Antikörper arbeitete ich als Assistenzarzt und hörte so manchen Vortrag darüber. Einige Forscher waren so euphorisch, dass sie von einer neuen Ära in der Medizin sprachen. Im Labor klappte das auch ganz gut. Als aber diese Antikörper gegen Krebszellen eingesetzt wurden, war die Enttäuschung groß. Bei Krebsarten, die große Tumormassen produzierten, drangen die Antikörper wegen dessen schierer Größe nicht in den Tumor ein und erzeugten keine Wirkung. Die Antikörper wirkten eher gegen entzündliche Krankheiten der Gelenke und des Darms. Diese Entzündungen werden durch Eiweiße des eigenen Körpers ausgelöst, die im Blut zirkulieren und dadurch leicht erreichbar sind. So konnten daraus zwar Medikamente gegen diese chronischen Krankheiten entwickelt werden, aber nur ganz vereinzelt gegen Krebs. Gegen die oben erwähnten Krebsarten des Magen-Darm-Traktes aber blieben sie unwirksam.

Das Ehepaar Sahin und Türcei hatte nun die Idee, diesem Problem auf anderem Weg zu begegnen. Sie wollten das Immunsystem gegen diese Krebsarten stimulieren, indem sie mit der Genschere gewisse Gene produzierten, die das Eiweiß im Körper entstehen lassen wie ein Virus. Wenn dann Antikörper gebildet werden, sollten sie die Krebszellen abtöten, sobald sie auftauchen – also im Frühstadium. Diese Forschung kam durch Corona ins Hintertreffen. Sicher geht sie aber dennoch weiter, und es wird sich herausstellen, ob diese Früherkennung zumindest das Wachstum behindern kann. Dieser Therapieansatz ist jedoch heute reine Theorie. Hoffentlich stellt sich dieser ganze Ansatz nicht wieder als enttäuschte Hoffnung heraus wie bei den monoklonalen Antikörpern.

Bisher habe ich die Entwicklung von neuen Impfstoffen und die Krebstherapie erwähnt. Da der Hauptansatzpunkt der Genschere, wie der Name sagt, die Gene sind, sollte man meinen, dass dadurch vor allem genetische Erkrankungen zum ersten Mal heilbar sein könnten. Tatsächlich ist das auch der Fall. Im westlichen Afrika leiden Millionen von Menschen an der sogenannten Sichelzellanämie. Bei dieser Krankheit ist nur ein Buchstabe eines menschlichen Gens verändert, was bewirkt, dass sich die Form des Blutkörperchens verändert. Es ist nicht mehr rund, sondern zeigt die Form einer Sichel. Diese Veränderungen betrafen nur einen bestimmten Prozentsatz der Blutkörperchen, sonst könnten die Betroffenen nicht überleben. Diese Sichelzellen verstopfen kleine Blutgefäße und werden von der Milz früh zerstört. Daher kommt es zu Störungen der Durchblutung und einer chronischen Blutarmut, der Anämie. Menschen mit dieser Krankheit leiden viel. Gewebe stirbt auf sehr schmerzhafte Weise ab und wegen der Blutarmut treten viele Komplikationen auf. Die Lebenserwartung ist deutlich geringer, dennoch bekommen viele Menschen mit dieser Krankheit Kinder und geben sie damit an sie weiter. Die genetische Veränderung hat jedoch auch einen seltsamen Nebeneffekt: Betroffene sind weniger anfällig gegenüber Malaria. Daher hat sich daraus vor allem bei Kindern ein Überlebensvorteil entwickelt.

Es ist nun gelungen, bei einer Patientin in den USA in den Stammzellen ihrer Blutkörperchen mit der Genschere den störenden Buchstaben des Gens zu entfernen. Bisher wurde diese Patientin als geheilt und frei von Beschwerden beschrieben. Es ist somit die erste Erbkrankheit, die mit der Genschere geheilt werden konnte.

Im Blut ist das auch wesentlich leichter als beim Befall anderer Körperorgane. Die Blutzellen sind vereinzelt zugänglich, und so konnten die Stammzellen erkannt werden, deren Veränderung alle Folgezellen dann auch verändern. Das ist bei großen Organen nicht so leicht möglich. Eine erbliche Erkrankung, die viel Leid bringt, ist die Muskeldystrophie. Diese Krankheit erzeugt ein Verschwinden der Muskulatur, bis die betroffene Person irgendwann nicht mehr atmen kann, weil die Atemmuskulatur nicht mehr arbeitet. Die Lebenserwartung Betroffener liegt zwischen zwanzig und dreißig Jahren nach Ausbruch der Krankheit. Ich habe das Schicksal einer jungen Frau verfolgen können, die vorhersehbar starb. Ich weiß von Familien, in denen drei Kinder daran starben. Es hängt ganz davon ab, ob die Erbveränderung dominant oder rezessiv vererbt, also wie stark das Gen verändert wurde. Es ist ein großer medizinischer Traum, dass diese Menschen Hilfe bekommen. Eine Behandlung könnte so funktionieren: Die Genschere wird in den Körper eingeschleust und repariert in den bestehenden Muskelzellen das schädliche Gen. Bisher sind allerdings alle diese Genreparaturen im Labor durchgeführt worden. Die entsprechenden Zellen wurden dann zurück in den Körper gegeben wie bei den Blutzellen. Daher wird noch viel Forschung nötig sein, um möglicherweise indirekt wie bei Krebszellen Veränderungen zu erzielen.

Es gibt Krankheiten, die bisher schon behandelbar waren, aber eine ständige Medikamentengabe notwendig machten. An erster Stelle steht dabei der Typ I Diabetes. Bei dieser Krankheit verschwinden die Zellen, die in der Bauchspeicheldrüse Insulin herstellen. Daher benötigen diese Menschen täglich die Injektion von Insulin. Wie schon erwähnt, kann heutzutage menschliches Insulin hergestellt und auch die Verabreichung konnte verbessert werden. Da die Krankheit häufig schon im Kindesalter beginnt, müssen solche Menschen sich einer strikten Lebensweise unterwerfen. Tun sie das, können sie ein ganz normales Alter erreichen wie andere Menschen auch. Nun wäre es aber denkbar, Zellen der Bauchspeicheldrüse wieder dazu anzuregen, Insulin zu produzieren. Versuche dazu hat es schon gegeben, bisher war das Ergebnis jedoch enttäuschend. Diese Zellen gaben nach einiger Zeit ihre Tätigkeit auf und die Eigenproduktion von Insulin war wieder beendet. Mit der Genschere ließen sich aber viel gezielter Zellen verändern. Vielleicht kann die Forschung hier einen Erfolg erzielen.

Die letzten beiden Beispiele zeigen, dass viele Probleme noch nicht gelöst sind und wahrscheinlich auch nicht von der Genschere gelöst werden können. Die Genschere eröffnet aber sehr viele neue Möglichkeiten. Wie die Forschung rund um die Impfung gezeigt hat, tauchen manchmal die Erfolge gar nicht dort auf, wo man sie erwartet hat. Das ist in der Wissenschaft häufig der Fall. Auch sind manche Erfolge leicht getrübt. Menschen, deren Gene beseitigt wurden, die Sichelzellanämie verursacht haben, werden dann anfälliger für Malaria. Allerdings ist der Schutz gegen Malaria einfacher als das Leben mit Sichelzellanämie. Das Beispiel zeigt aber schon, dass jeder Fortschritt auch Nachteile mit sich bringen kann. Es ließen sich noch viele weitere Beispiele aufzählen, bei denen Fortschritte zu erhoffen sind.

Als ich im Mai 2021 auf der Rückreise von Ostafrika in Dubai übernachtete, kam ich am Morgen auf dem Weg zum Frühstück an Tagungsräumen vorbei. Dubai ist für viele leicht erreichbar und die Unterkünfte sind bezahlbar, weshalb dort häufig internationale Tagungen stattfinden. Zu meinem Erstaunen las ich an der Tür einer der Tagungsräumen »CRISPR«, nur diese Buchstaben und sonst nichts. Auch der Veranstalter war nicht angegeben. Mir lief ein leichter Schauer über den Rücken – was wurde wohl in diesen Räumen ausgedacht?

Mit den Gefahren und Grenzen dieser neuen biochemischen Methode soll sich das nächste Kapitel beschäftigen.

# Gefahren und Grenzen wissenschaftlicher Forschung

## Menschliche Keimzellen

Alle bisher beschriebenen Methoden wurden beim Menschen auf lebende Körperzellen angewandt, nicht auf befruchtete Keimzellen. Wir müssen uns das immer wieder bewusst machen: Wir alle stammen von einer einzigen Zelle ab, die aus den Geschlechtszellen unserer Mutter und unseres Vaters zusammengesetzt wurde. Jede kleinste Änderung an dieser Zelle verändert nicht nur uns, sondern auch unser Erbgut, das wir an andere weitergeben. Daher sind solche Änderungen, wenn überhaupt, mit äußerster Vorsicht durchzuführen. In ihrem Buch plädiert Jennifer Doudna für ein Verbot, die Genschere an menschlichen Keimzellen anzuwenden. Das ist sicher eine sehr honorige Forderung. Sie kann aber nur in Ländern mit einem funktionierenden Rechtsstaat und ähnlichen Wertvorstellungen, wie wir sie haben, geltend gemacht werden.

Die grundlegende Frage ist: Dürfen Menschen Ihresgleichen züchten? Das kling zunächst einmal absurd. So einfach ist das aber nicht. Diese Gedanken, gute Menschen oder Menschen für bestimmte Zecke heranzubilden, sind uralt. Platon schreibt in seinem »Staat« (Platons Gesammelte Werke Bd. 2, 459B–459E):

»*Es müssen [...] die besten Männer den besten Weibern möglichst oft beiwohnen und die schlechtesten Männer den schlechtesten Weibern möglichst selten, und die Kinder der einen muss man aufziehen, die der anderen aber nicht, wenn die Herde möglichst vorzüglich sein soll; und alles dies muss geschehen, ohne dass es jemand außer den Regierenden selbst bemerkt, wenn andererseits die Herde der Wächter möglichst frei von innerem Zwist sein soll.*«

So soll also die Elite des Staates gebildet werden, die dann den Staat zu lenken hat. Auf den folgenden Seiten werden bei Platon Details erläutert, wie diese Zeugungen im Einzelnen verlaufen sollen.

Am humanistischen Gymnasium haben wir auch Platon übersetzt. Er wurde und wird von vielen christlichen Theologen immer noch sehr geschätzt. Diesen Abschnitt über das Züchten von Menschen habe ich aber erst durch eigene Lektüre entdeckt. Zu diesen Überlegungen gehört übrigens auch die Empfehlung Platons, chronisch Kranke überhaupt nicht zu behandeln, weil sie den Staat nur belasten. Die Kategorie des Lebenswerts, der vom Staat bestimmt wird, wurde also hier geboren. Sicher hat Platon auch großartige Ideen verfasst, eben seine Ideenlehre, aber viele gefährliche Gedanken dazu. Sie haben in der Geschichte ebenso Anwendung gefunden.

Ansgar Stüfe

»Die Besten« heißt auf Griechisch *aristoi*. Platon wollte einen Staat gründen, der von den Besten seiner Bürger regiert wird, also eine Aristokratie erschaffen. Genau diese Idee wurde im christlichen Mittelalter von den Regierenden aufgegriffen. In den germanischen Stämmen setzten sich zunächst nur die durch, die im Kampf an die Spitze gelangten. Wenn sie dann an der Regierung waren, durften sie nur auf gleicher Ebene eine Ehe eingehen. Denn nach Platon dürfen sich nur die Besten vermehren. Daraus entstand das neue Wort »Aristokraten«, also die Besten als Herrscher. Die Kirche war davon begeistert und gab wörtlich ihren Segen dazu, Luther formulierte es sogar so, dass diese weltlichen Herrscher ihre Macht direkt von Gott beziehen.

Nun ist die Natur nicht so, wie Platon dachte. Wenn man ausschließlich eine bestimmte Gruppe vermehrt, verkleinert sich der »Genpool«. Nur wenn die Gene einer Gruppe sich mit denen einer anderen mischen, können Fehlerquoten gering bleiben. Erblich vermittelte Krankheiten werden so immer wieder aussortiert beziehungsweise nur an wenige weitergegeben. Können sich aber nur Gene aus einer relativ kleinen Gruppe vervielfältigen, verstärken und vermehren sich auch die beschädigten Gene. Man sieht das häufig daran, dass viele aristokratische Familien bereits in der dritten oder vierten Generation intellektuell und körperlich abgebaut haben, wenn sie sozusagen unter sich blieben in der Wahl der Familien. Der letzte Habsburger in Spanien war nicht mehr zeugungsfähig und wohl auch dement. Der Tiefstand der Aristokratie Europas im 19. Jahrhundert zeigt das recht anschaulich.

Immerhin hatte es diese Idee schon tausend Jahre gegeben, als eine neue Ideologie sehr ähnliche Gedanken in die Tat umsetzte, nämlich der Nationalsozialismus. Lebensborn nannte man diese Aktion, die entsprechend der Anweisungen Platons geheim ablief. In bestimmten Zentren trafen sich ausgesuchte Männer und Frauen zum Kinderzeugen. Die Kinder wurden dann treuen Nazifamilien zur Erziehung gegeben, so, wie es Platon vorgeschlagen hatte. In einer Fernsehsendung wurden einige der Menschen, die aus diesem Experiment hervorgegangen sind, interviewt. Es war ein Zeugnis unendlichen seelischen Leids, sonst nichts.

Sicher war dieses Vorgehen der Nazis ein besonders schlimmes Beispiel. Leider wird darüber sehr wenig berichtet und solche Ideen wachsen dennoch unbemerkt weiter. Dabei ist die Grundfrage, wer die Besten sind, die den Staat regieren sollen, falsch gestellt. Staatseliten lassen sich nicht genetisch »herstellen«, sondern am ehesten im Wettbewerb des gesellschaftlichen Miteinanders finden. Daher bin ich mit Karl Popper der Meinung, dass der Staat am besten ist, der am ehesten unfähige Regierungen absetzen kann und die Guten regieren lässt. Dies wäre dann ein Grundsatz, den man auch auf die neue Gentechnologie anwenden könnte. Es wird auf der ganzen Welt jetzt Forschung geben, die nicht immer gleich als gut oder schlecht erkennbar sind. Wenn aber Ziele deutlich werden und die Ergebnisse Schaden anrichten, muss eingegriffen werden. Erst in der Lebensbewährung lässt sich erkennen, was an der neuen Genschere gut oder schlecht ist.

Ansgar Stüfe

Die schlimmste Vorstellung ist meiner Meinung nach, dass gewisse Eigenschaften des Menschen bevorzugt und andere ausgemerzt werden sollen. Die Folgen einer solchen Technik sind nicht abzusehen. So wäre es beispielsweise möglich, die Muskelmasse beim Menschen zu vermehren, um gute Sportler oder Soldaten zu erhalten. Ganz schrecklich ist gar der Gedanke, Menschen mit minderer Intelligenz und starken Muskeln zu züchten. Diese könnten dann für die anderen die niederen Arbeiten verrichten. Solche Gedanken klingen absurd, sind aber durchaus umsetzbar.

In China gab es einen ersten Versuch, menschliche und tierische Gene zu vermischen, also menschenähnliche Tiere zu züchten. Das geht in die Richtung, den Unterschied zwischen Tier und Mensch zu verwischen. Solche Versuche machen Angst und tragen leider auch dazu bei, die ganze Technologie in Verruf zu bringen. Die Entstehung solcher Wesen würde unser ganzes Wertesystem ins Wanken bringen. Absoluter Lebensschutz gilt eigentlich nur für den Homo Sapiens, also uns Menschen. Wie wir alle wissen, klappt das nur mit Mühe. Auch hier gibt es bereits philosophische Überlegungen, die solche Wertvorstellungen infrage stellen. Der australische Philosoph Peter Singer setzte sich zum Beispiel sehr für die Rechte der Tiere ein. Sicher ist nichts dagegen zu sagen, wenn Tiere als Teil der Schöpfung eigene Rechte haben und Tierquälerei strafbar ist. Er geht aber so weit zu behaupten, dass das Leben eines gesunden Tieres mehr wert sei als das eines chronisch kranken Menschen. Wieder kommen die Gedanken Platons hier zur Geltung. Solche Ideen sind äußerst gefährlich. Menschen, die ihnen folgen, neigen dazu, jede Form von Hilfe an Schwachen zu verurteilen und nur die Gesundheit als Wert anzuerkennen. Es gehört nun einmal zu den tiefsten menschlichen Grundwerten, die vor allem im Christentum zur Geltung kommen, Schwachen, Armen und Kranken Hilfe zu leisten. Es geht hier nämlich darum, dass die Natur alle Variationen zulässt. Menschliches Bewusstsein empfindet das aber als ungerecht. Da wir jemand als mathematisches Genie geboren, ein anderer kann sich die einfachsten Zahlen nicht merken. Die Lösung besteht nun nicht darin, die Gene des einen zu verbessern, weil man sie als »Defekt« versteht, sondern sich einander zu helfen. Das ist die Grundlage menschlichen Verhaltens, das durch philosophische Überlegungen und die neue Technologie nicht verändert werden darf, wenn man weiterhin menschliche Lebensverhältnisse haben möchte. Es geht also um nicht mehr und nicht weniger als die Grundlagen menschlichen Zusammenlebens.

## Unsinnsentwicklungen

Auch außerhalb der Menschheit ermöglicht die Genschere Entwicklungen, die von fragwürdigem Nutzen sind. Dabei denke ich zum Beispiel an das Züchten von Schoßtieren. Schon jetzt gibt es winzige Hunde, seltsame Vögel und Katzen ohne Fell. Nun wäre es auch möglich, kleine Löwen oder Eisbären zu züchten, die keine Krallen und nur kleine Zähne haben. Alles, was bei Nutztieren bereits erreicht wurde, kann man auch auf andere Tiere anwenden. Der Fantasie sind dabei keine Grenzen gesetzt. Hier müsste man das ganze Haustierwesen infrage stellen. Die Ausbreitung der Corona-Viren hat gezeigt, wie leicht sie von Tieren auf Menschen übertragen werden können. Das enge Zusammenleben beider ist von der Natur so eigentlich nicht vorgesehen. Durch die Nähe gelingt es aber den Viren, die Grenzen zu überspringen und die eigenen Eigenschaften so zu verändern, dass sie auch in einer anderen Spezies leben können. Daraus entstehen neue virale Erkrankungen. Solche Krankheitsursachen bilden eine natürliche Grenze zwischen den Spezies.

Aber auch in der Öffentlichkeit sollte man über den Sinn und Unsinn solcher Züchtungen nachdenken. Das gilt schon für die traditionelle Züchtung, die genug Unsinn erzeugt hat. Ich erinnere mich an eine Taube, die nicht mehr selbstständig Nahrung aufnehmen konnte, sondern gefüttert werden musste. Eine solche Variante hat in der Natur keine Überlebenschance. Hier entstehen Wesen, die gänzlich vom Menschen abhängig sind.

Wahrscheinlich kann man solche Entwicklungen nicht verbieten, wohl nicht einmal verhindern. In der Gesellschaft sollte darüber aber mehr diskutiert werden. Bisher gelten Haustiere generell als gut und hilfreich. Dass sie auch ein Problem darstellen, wird kaum einmal geäußert. Der Umgang mit Haustieren sollte eigentlich erlernt werden. Viele Tierhalter übertragen menschliches Verhalten auf die Tiere und verursachen Fehlverhalten. Ich finde es immer äußerst unangenehm, wenn ich in einen Haushalt komme und der dortige Hund an mir hochspringt und mich gar noch ableckt. Ich habe dann keine Chance, diesen Vorgang zu vermeiden und lasse es meistens übel gelaunt über mich ergehen. Warum muss ich mir das eigentlich gefallen lassen?

Offensichtlich wird das Abschlecken mit menschlichem Küssen gleichgesetzt. »Er hat dich doch lieb«, höre ich dann. Daher muss man wohl annehmen, dass solche menschlichen Vorstellungen auch auf unsinnige Züchtungen angewandt werden und so kaum vermeidbar sind.

## Patentschutz

Geistiges Eigentum zu schützen ist eine Verpflichtung des Staates und ein großer Fortschritt. Es lohnt sich nur, in neue Technologien zu investieren, wenn die Investition auch wieder eingenommen werden kann. Oft genug können neue Patente nicht in gewinnbringende Produkte umgesetzt werden und verursachen einem Unternehmen daher Verluste. Das Patent muss sich aber auf die Erfindung, die Technologie und die Herstellungsmethode beziehen und nicht auf das Produkt. Die neue Genschere erlaubt die Entwicklung vieler neuer Technologien, wie wir es am Impfstoff und den Pflanzen gesehen haben.

Es ist jedoch eine absurde und erschreckende Vorstellung, dass Pflanzen und Tiere, die aus dieser Technologie hervorgehen, unter Patentschutz gestellt werden. Hier sind grundsätzliche Rechtsnormen wichtig und müssen bald in Kraft treten. Erste Kontroversen zu diesem Thema gibt es bereits. Auch über die Technologie selbst gibt es Streit. Sogar Jennifer Doudna ist in solche Rechtsstreitigkeiten verwickelt. Die »Süddeutsche Zeitung« hielt die Verleihung des Nobelpreises an sie deswegen auch für verfrüht. Dabei ist es gar nicht so leicht, als Außenstehender zu entscheiden, wer in dieser Sache Recht hat. Es sind einfach ganz neue Vorgänge, die es so bisher nicht gab. Wie ich oben geschildert habe, beruhte die Erfindung von Doudna auf der Kombination der beiden mRNAs. Alles andere hatten andere ForscherInnen bereits entwickelt. Wie lässt sich da geistiges Eigentum definieren? Dieses Problem hat erhebliche Konsequenzen. Der Zugang zu Impfstoff zeigt schon, dass Menschen bevorzugt und andere benachteiligt werden. Immer wieder kommen wir zu dieser Konstellation zurück und können langfristig nur mit gerechten Lösungen globale Problem lösen. Solche Rechtsfragen lassen sich leider nur auf internationaler Ebene lösen. Daher bin ich auch hier nicht allzu optimistisch. Umso wichtiger wäre die Diskussion über den Patenschutz in der Öffentlichkeit.

## Grenzziehungen

Eine neue Methode in der biologischen Wissenschaft eröffnet immer neue Möglichkeiten. Die Genschere ist eine der großartigsten Entdeckungen der letzten Zeit. Bereits in den wenigen Jahren nach der Veröffentlichung konnten unzählige Neuerungen erreicht werden. Es scheint, als eröffne das unbegrenzte Möglichkeiten. Aber wie beim Feuer des Prometheus gibt es Komplikationen und Grenzen. Feuer brennt nicht überall und es bringt nicht nur Nutzen.

Man braucht nur einen Blick auf die angeführten Beispiele zu werfen. Einerseits ist es ohne Frage gut, Kartoffeln zu pflanzen, die keine krebserregenden Substanzen mehr enthalten. Aber es wäre fatal, wenn man deswegen den

Verzehr von Pommes Frites fördern oder gar als unschädlich anpreisen würde. Durch den Verzehr von Pommes Frites bekommt man seltener Krebs als Übergewicht. Übergewicht aber ist einer der Hauptursachen von heutigen Krankheiten. Wäre es da nicht besser, vor Pommes zu warnen, als sie zu verbessern?

Die Änderung von menschlichen Genen mit der Genschere ist unproblematisch, sind nur die Somatosomen betroffen, also Zellen, die bereits im Körper ausgebildet sind und eine Funktion ausüben. Diese Zellen haben aber eine begrenzte Lebenszeit, und eine Therapie wirkt nur so lange, wie die veränderten Gene in der Zelle wirken können. Es gibt Ansätze, auch dieses Problem zu lösen. Dabei stehen die Forschungen aber noch ganz am Anfang und die Erfolgsaussichten sind deutlich geringer.

Insgesamt kann viel erreicht werden, der Nutzen wird aber in natürlichen Grenzen gehalten. Das ist auch gut so. Ich fühle mich an die Zeit erinnert, als die Entdeckung der Eiweißantikörper viele Mediziner in Aufregung versetzte. Damals sagte ein Redner bei einem Kongress: »Wir erleben das Ende der Antibiotika und eine neue Ära in der Medizin.« Es wurden tatsächlich große Erfolge erzielt, aber die Grenzen blieben doch deutlich. Antibiotika sind so wichtig wie zuvor. Ganz ähnlich könnte es auch der Genschere ergehen. Daher vermute ich, dass die meisten Änderungen eher auf pflanzlicher und tierischer Ebene vorgenommen werden. Hier stehen so viele Möglichkeiten offen, dass noch nicht abzusehen ist, welche anderen Pflanzen oder gar Tiere es einmal geben wird. Es gibt sogar Überlegun-

Ansgar Stüfe

gen, ausgestorbene Tiere wieder zum Leben zu erwecken, zum Beispiel Mammuts. Ist eine solche Entwicklung gut oder schlecht?

# Ethische Überlegungen

Ich möchte noch einmal auf die Überlegungen im ersten Kapitel zurückkommen. Mein Beispiel der Prometheus-Statue auf dem Gebäude der Neuen Universität in Würzburg sollte zeigen, dass sich im 19. Jahrhundert die Naturwissenschaft von jeder religiösen und ethischen Bevormundung befreien wollte. Es herrschte die Meinung vor, dass Wissenschaft in sich selbst nie ethisch falsch sein könne. Gleichzeitig lehnten sich die Kirchen grundsätzlich gegen die Naturwissenschaften auf und verurteilten viele ihrer Errungenschaften. Das ging so weit, dass sogar das elektrische Licht verurteilt wurde, weil es die von Gott geschaffene Natur verfälsche, indem es die Nacht hell mache und so obendrein den Menschen zur Sünde verführe, weil er sich nicht mehr rechtzeitig schlafen lege. Paris galt eben wegen dieses Lichts in kirchlichen Augen als Stadt der Sünde. Solche Stellungnahmen zerstörten das Ansehen der Kirche bei den Naturwissenschaftlern, die diese Art ethischer Ermahnungen als baren Unsinn empfanden.

Wenn aber üble Folgen einer neuen naturwissenschaftlichen Entwicklung vermieden oder zumindest eingedämmt werden sollen, müssen Menschen aus Religion, Ethik und Wissenschaft miteinander ins Gespräch kommen. Daher ist es überaus positiv zu bewerten, dass Jennifer Doudna und Emmanuelle Charpentier am 11. August 2021 in die päpstliche Akademie der Wissenschaft berufen wurden. Hier treffen sich WissenschaftlerInnen aus aller Welt – und der Papst hört erst einmal zu.

Es ist auch gar nicht so einfach, ein Urteil zu fällen. Die neue Technologie der Genschere erlaubt einen Eingriff in die Gene, die deutlich weniger Nebeneffekte haben wie traditionelle Zuchtmethoden. Das gilt vor allem bei Pflanzen. Es wäre fatal, wenn diese Chance von vornherein abgelehnt würde, nur weil »Genprodukte« verboten sind. Genveränderungen hat es immer gegeben, nur wurden sie nicht so genannt. Das Beispiel der Gerste zeigt, wie in den 1940er-Jahren Röntgenstrahlen genutzt wurden, um Genveränderungen auszulösen. Dies war wirklich eine gefährliche Methode, wie sich herausgestellt hat. Man muss also genau hinschauen und echte Begründungen finden, warum eine Methode erlaubt werden soll und eine andere nicht.

Warum soll man zum Beispiel verbieten, Spiellöwen für Kinder zu züchten? Sicher haben wir erst einmal ein ungutes Gefühl dabei, aber welche Gründe sprechen dagegen und welche dafür? Sind die sonderbaren Entwicklungen bei Schoßhunden nicht genauso seltsam? Das Problem ist vielschichtig. Zum Beispiel ermöglichen solche Genveränderungen das Zusammenleben von Lebewesen, die sonst getrennt leben. Das hat auch schon früher zum Auftreten von neuen Krankheiten geführt. Viele unserer Krankheiten stammen aus der Zeit, in der Katze, Hund und Rind zu Haustieren mutierten. Man denke nur an die Pocken und die Tuberkulose, die vom Rind auf den Menschen übertragen wurden. Letztlich geht auch die Corona-Pandemie auf die Nähe zu Tieren wie Fledermäuse zurück, die sonst weit entfernt vom Menschen leben.

Trotzdem wird es Menschen geben, die sich von solchen Argumenten nicht abschrecken lassen. Das Beispiel aus China zeigt, dass selbst abwegige Ideen wie die, Chimären aus Tier und Mensch zu züchten, versucht werden. Es werden sich auch nicht weltweit Gesetze durchsetzen lassen, die eine Methode erlauben, die andere verbieten.

Was soll man in einer solchen Situation tun? In dem Buch »Zwischen Gut und Böse« unterhält sich der Philosoph Markus Gabriel mit dem Journalisten Gert Scobel genau über diese Problemstellung. Wir sehen uns heutzutage komplexen Problemlagen gegenüber, die so viele Aspekte haben, dass eine ethische Bewertung sehr schwierig erscheint. Problematisch ist es auch, wenn durch demokratische Mehrheitsentscheidung Gut und Böse festgelegt würde. Dann würde es keinen Schutz mehr für Minderheiten geben. Es geht nach Markus Gabriel daher darum, einen Sensus communis, also einen Gemeinsinn zu erreichen. Das funktioniert nur durch eine Diskussion auf sehr breiter Ebene. Die Menschen müssen bereit sein, sich erst einmal zu informieren und die Besitzer der Information müssen sie möglichst verständlich teilen und mitteilen. Jennifer Doudna hat dies in ihrem Buch versucht. Die Verständlichkeit blieb dabei aber ein wenig auf der Strecke. In meinem Beitrag habe ich versucht, die Problemlage möglichst breit darzustellen. Ich hoffe, die Lektüre dieses Texts regt dazu an, sich weiterzubilden und die Ergebnisse der neuen Forschung zu verfolgen. Jeder muss sich seine eigene Meinung bilden. Ich persönlich bin zum Beispiel dagegen, Tiere als Spielzeuge für Kinder zu züchten. Kindern wird so ein völlig verkehrtes Bild von der Natur vermittelt. Zudem ist die Nähe zu solchen Kunsttieren eine mögliche Quelle von Seuchen. Andere mögen das anders sehen. Mir fällt jedoch kein wirklich christliches Argument in dieser speziellen Problematik ein. Ich habe insgesamt ein starkes Unbehagen, wenn der Mensch sich zum Schöpfer aufspielt, ohne dazu einen wirklichen Grund zu haben. Die Folgen sind nicht abzusehen.

So sehe ich meine Darstellung als kleinen Beitrag, Informationen weiterzugeben, die bisher nur wenige wirklich wahrgenommen haben. Wir müssen eine Diskussion beginnen, was in dieser Entwicklung als gut und was als schlecht zu betrachten ist. Nur so wird verantwortliches Handeln möglich. Ob dies gelingt, ist leider offen. Das Böse hat aus christlicher Sicht eine enorme Macht, die wir Menschen allein nicht bewältigen können. Daher hoffen wir Christen auf die transzendentale Hilfe. Das ist doch zumindest eine Hoffnung.

Ansgar Stüfe

# Literatur

Jennifer A. Doudna/Samuel H. Sternberg, *Eingriff in die Evolution: Die Macht der CRISPR-Technologie und die Frage, wie wir sie nutzen wollen*, Berlin/Heidelberg 2018.

Markus Gabriel/Gerst Scobel: *Zwischen Gut und Böse: Philosophie der radikalen Mitte*, Hamburg 2021.

Platon, *Sämtliche Werke. Zweiter Band: Der Staat,* Heidelberg 1958.

Karl Popper, *Die offene Gesellschaft und ihre Feinde*, Tübingen 2003.

Peter Singer, *Animal Liberation. Die Befreiung der Tiere*, Erlangen 1990.

Martin Suter, *Elefant*, Zürich 2017.

Patric U. B. Vogel, *COVID-19: Suche nach einem Impfstoff*, Berlin/Heidelberg 2020.

**Bibliografische Information der Deutschen Nationalbibliothek**

Die Deutsche Nationalbibliothek verzeichnet diese Publikation in der Deutschen Nationalbibliografie. Detaillierte bibliografische Daten sind im Internet über http://dnb.d-nb.de abrufbar.

1. Auflage 2022
© Vier-Türme GmbH, Verlag, Münsterschwarzach 2022
Alle Rechte vorbehalten

Lektorat: Marlene Fritsch
Satz: Matthias E. Gahr
Umschlaggestaltung: Finken und Bumiller, Stuttgart
Umschlagmotiv: SkillUp / shutterstock.com
Druck und Bindung: Pustet, Regensburg
ISBN 978-3-7365-0428-8

*www.vier-tuerme-verlag.de*